UNE HISTOIRE POPULAIRE DU FOOTBALL

SCÉNARIO

Mickaël Correia et Jean-Christophe Deveney

DESSIN ET COULEUR

Lelio Bonaccorso

LA DÉCOUVERTE DELCOURT

QUELLE FINALE ! ON A FRÔLÉ LA 3E ÉTOILE !
J'AI RAREMENT VÉCU UN MATCH AVEC AUTANT DE REBONDISSEMENTS.
COMME DISAIT LE GRAND JOUEUR VALDANO, « LE FOOTBALL, C'EST L'ÉMOTION DE L'INCERTITUDE ET LA POSSIBILITÉ DE JOUISSANCE ».
MAIS BON, IL ÉTAIT ARGENTIN, AUSSI.
SI VOUS LE DITES...
MOI, JE N'AI PAS REGARDÉ.
SÉRIEUX ? TU AS RÉUSSI À BOYCOTTER LE MONDIAL JUSQU'AU BOUT ?
NOUS, ON A RENONCÉ À PARTIR DES QUARTS DE FINALE.
C'ÉTAIT QUAND MÊME COMPLIQUÉ DE FAIRE COMME SI DE RIEN N'ÉTAIT...
VIOLATIONS DES DROITS HUMAINS, TRAVAILLEURS MIGRANTS MORTS SUR LES CHANTIERS, ABSURDITÉ CLIMATIQUE...
ELLE CUMULAIT SÉVÈRE, CETTE COUPE DU MONDE AU QATAR.
EN MÊME TEMPS, FAUT PAS COMPTER SUR LA FIFA POUR FAIRE DE L'HUMANITAIRE.
EN 1978, ELLE A CONFIÉ LE MONDIAL À LA DICTATURE ARGENTINE.
ET À POUTINE EN 2018.
TOUT À FAIT.
MAIS CE N'EST PAS QUE ÇA.
IL Y A AUSSI TOUT CE FOOT-BUSINESS QUI EST À PLEURER.

LES JOUEURS SONT DEVENUS DES PLACEMENTS FINANCIERS, LES STADES DES PARCS D'ATTRACTIONS ET LES SUPPORTERS DES CONSOMMATEURS.
L'ÉQUIPE
VOUS SAVEZ PAR COMBIEN A ÉTÉ MULTIPLIÉ LE PRIX DES BILLETS LES MOINS CHERS POUR ALLER AU STADE DU LIVERPOOL FC ?
NON, PAR COMBIEN ?
PAR 12. EN VINGT ANS.
ET JE NE VOUS PARLE MÊME PAS DES CLUBS QUI VENDENT LE NOM DE LEUR STADE À DES SPONSORS.
L'ALLIANZ ARENA À MUNICH, LE GROUPAMA STADIUM À LYON, LE MATMUT ATLANTIQUE À BORDEAUX...
TU NE SAIS PLUS SI TU VAS AU MATCH OU CHEZ TON ASSUREUR !
Sport
IL RESTE LE BARÇA, QUAND MÊME !
LE CLUB APPARTIENT EN PARTIE AUX SOCIOS, SES SUPPORTERS.
MESSI 10
EN PARTIE, ALORS...
TU N'AS PAS ENTENDU LA DÉCLARATION D'UN DE SES DIRIGEANTS, IL Y A QUELQUES ANNÉES ?

« Nos référents appartiennent aujourd'hui à d'autres univers que le sport, comme Disney. »
« Ils ont Mickey Mouse, nous avons Messi. Ils ont Disneyland, nous avons le stade du Camp Nou. »
Didac Lee, membre du conseil d'administration du FC Barcelone.
C'EST ASSEZ CLAIR, NON ?
TU EXAGÈRES ! LE FOOT, C'EST AUSSI UN SPORT PRATIQUÉ TOUS LES JOURS PAR DES MILLIONS DE GAMINS.
ET DE GAMINES !
ILS JOUENT POUR LE PLAISIR, POUR LE BEAU GESTE.
POUR APPRENDRE LE SENS DU COLLECTIF.
COMME DISAIT SÓCRATES : « LA BEAUTÉ VIENT EN PREMIER. LA VICTOIRE EN SECOND. L'IMPORTANT, C'EST LA JOIE. »
SÓCRATES, C'ÉTAIT LE FOOTBALLEUR BRÉSILIEN OU LE PHILOSOPHE ?
CELUI QUI FAISAIT LES DEUX.
ET QUI S'ÉTAIT LANCÉ DANS LA POLITIQUE EN PRIME.

EN TOUT CAS, CETTE JOIE, ELLE ÉCHAPPE À LA RENTABILITÉ !
MOUAIS...
JUSQU'À CE QUE LE JOYEUX JOUEUR SOIT REPÉRÉ PAR UN RECRUTEUR.
ET QU'IL DEVIENNE LA CIBLE DES ENCHÈRES DES AGENTS ET DES CLUBS.
Fly Emirates
HAALAND
9
ÇA ME RAPPELLE UNE BANDEROLE.
C'ÉTAIENT LES SUPPORTERS DE TUNIS QUI L'AVAIENT DÉROULÉE LORS D'UN MATCH CONTRE LE PSG EN 2017.
CRÉÉ PAR LE PAUVRE, VOLÉ PAR LE RICHE
EN VRAI, C'EST COMME ÇA DEPUIS LES ORIGINES DU FOOTBALL.
LES « RICHES » ET LES « PAUVRES », LES « ÉLITES » ET LE « PEUPLE », LES « DOMINANTS » ET LES « DOMINÉS » SE DISPUTENT LE BALLON.
LE FOOTBALL EST AUTANT UN MOYEN DE CONTRÔLE QUE DE LIBÉRATION.
DES CORPS COMME DES ESPRITS.

LES OUVRIERS ANGLAIS QUI S'APPROPRIENT LE FOOTBALL INVENTÉ PAR LA BOURGEOISIE...
... LES MULTINATIONALES QUI EXPLOITENT LES CODES DU FOOT DE RUE POUR VENDRE LEURS CHAUSSURES...
... OU LES FOOTBALLEUSES QUI METTENT PEU À PEU LE PATRIARCAT HORS JEU.
15
LE FOOTBALL EST UNE HISTOIRE DE RÉCUPÉRATIONS ET DE RÉINVENTIONS PERMANENTES.
ÇA VAUDRAIT LE COUP DE RACONTER TOUT ÇA, TU NE CROIS PAS ?
OUI.
PEUT-ÊTRE BIEN...

Et le « folk football » fut

« Faire d'un pied léger poudroyer les sablons,
Voir bondir par les prés l'enflure des ballons. »

Pierre de RONSARD, Le Bocage royal, *1584*

Episkyros dans la Grèce antique.
Harpastum chez les légionnaires romains.
Tlachtli en Amérique précolombienne.
Autant d'ancêtres du football dont les origines demeurent incertaines.
En Europe, les premières traces modernes du football prennent la forme d'une interdiction au XIVe siècle.
ALORS QUE LE « foeth ball » PROVOQUE GRANDE CLAMEUR, TUMULTE ET NOMBREUX MAUX DANS LES TERRAINS PUBLICS, NOUS INTERDISONS, SOUS PEINE DE PRISON, QUE DE TELS JEUX SOIENT PRATIQUÉS DANS LA CITÉ.
Dès ses origines, la question du football est liée à celle de l'ordre public.
Sous les noms de folk football en Grande-Bretagne ou de « soule » dans le nord-ouest de la France, on retrouve dès lors et jusqu'au XIXe siècle une même pratique de jeux de ballon.
Les règles sont minimalistes.
Deux troupes rivales (et parfois davantage) doivent amener par n'importe quel moyen le ballon dans le camp adverse.

La balle, de la taille d'une tête, peut être un ballon de cuir rempli de foin, une boule de bois ou d'osier.
Pour remporter la partie, il faut la poser à la limite d'un champ, dans une mare ou à la porte d'une église.
La taille du terrain peut aller d'une prairie à l'ensemble du territoire des paroisses opposées.
Le nombre des joueurs est illimité.
Et la partie dure entre quelques heures et quelques jours.
Rite d'initiation à la virilité, les parties sont presque toujours masculines, confrontant de jeunes hommes entre eux, ou des hommes mariés à des célibataires.
Elles renforcent un mode de vie communautaire en unissant les individus dans le jeu comme dans le travail agricole.

Les jeux de football offrent la victoire à ceux qui connaissent et exploitent au mieux les potentialités de leur territoire.
Une symbolique puissante dans l'imaginaire paysan.
Ils permettent surtout le défoulement de rivalités entre les individus ou les cantons...
... et fournissent un espace public de justice autonome et populaire.
Ils offrent enfin un moment de transgression des hiérarchies propre au Carnaval et aux Jours Gras durant lesquels les parties sont organisées.
Prêtres et nobles s'adonnent alors librement à ce jeu du peuple.
Les foules assemblées sont parfois détournées à des fins insurrectionnelles : en 1740, dans le Northamptonshire (Angleterre), 500 footballeurs détruisent un moulin privatisé pour le compte d'une Lady.
TAC
TAC

Mais la violence du folk football et les désordres engendrés lui attirent les foudres des autorités.
Pour l'Église, il s'agit de condamner le libre jeu des corps, le saccage des lieux de culte ou les beuveries et festins collectifs qui concluent souvent les parties.
Pour l'État, qui se structure de manière de plus en plus centralisée à partir de la Renaissance, il convient d'acquérir le monopole de la violence physique.
La première ordonnance contre le football de 1314 est suivie de près d'une trentaine d'autres interdictions dans les villes et les comtés d'Angleterre jusqu'en 1615.
Mais les jeux de football restent si enracinés dans les cultures populaires que ces interdictions les affectent peu.
TUMP
C'est un autre phénomène qui va mettre fin au folk football : la privatisation des terres.

Traditionnellement, la production agricole villageoise reposait sur les « communs » : des landes, des forêts ou des pâturages collectivisés et exploités de manière communautaire.
Mais les premières mises en clôture, imposées par le Parlement anglais au XVIe siècle, transforment de grands champs collectifs en surfaces individuelles plus rentables.
Fin XVIIe siècle, les enclos découpent un quart des terres cultivables de l'Angleterre et se muent en un instrument de concentration agricole au profit des propriétaires terriens.
Associé à l'effondrement des pouvoirs féodaux locaux, cet accaparement légal fait émerger une bourgeoisie agricole.
La domination de cette nouvelle classe s'exerce à travers un contrôle des populations et une attention paternaliste aux réjouissances populaires.
La bourgeoisie agricole accorde son patronage aux parties de folk football et certains gentlemen s'amusent même à participer au jeu.

De nombreux paysans, dont les ressources reposaient en grande partie sur l'accès aux « communs », s'appauvrissent rapidement et sont contraints à l'exode.
Du fait de la privatisation des terres et de leurs mises en clôture, il devient impossible de se livrer à un folk football où le terrain de jeu est la totalité du territoire.
La bourgeoisie agricole autorise alors des jeux de football sous contraintes par des équipes plus restreintes d'une trentaine de joueurs.
Progressivement, les communautés paysannes se désintègrent et se voient dépossédées de leurs terres...
... tout autant que de leur jeu de ballon, vidé de sa fonction sociale originelle.

Naissance d'un sport industriel

« Participer à un match, ce n'est pas de la blague, je peux vous le dire. C'est autre chose que les jeux de vos écoles privées. Ce semestre, on a vu deux clavicules se briser et une douzaine d'élèves ont été estropiés. L'an dernier, un joueur a eu une jambe brisée. »

Thomas HUGHES, Tom Brown's School Days, *1857*

À la fin du XVIIIe siècle, les public schools britanniques, écoles privées réservées aux aristocrates de 13 à 18 ans, étaient régulièrement agitées par des insurrections d'élèves.
Au sein de ces institutions, les valeurs inculquées à la future élite étaient pour le moins féodales.
BRAVOURE ! LOYAUTÉ ! TOLÉRANCE À LA DOULEUR !
SCHLACK !
Mais, malgré leur pédagogie punitive, les autorités scolaires avaient le plus grand mal à maintenir l'ordre.
Les rapports de domination étaient davantage structurés par l'âge des élèves, les plus vieux, les seniors, faisant subir les pires outrages aux plus jeunes, les fags.
Les élèves pratiquaient chaque année le barring-out, un rituel où ils occupaient les bâtiments, parfois pendant plusieurs jours, et résistaient férocement aux professeurs s'efforçant de pénétrer dans l'établissement.

En parallèle de leurs activités émeutières, les élèves s'adonnaient au folk football, directement inspiré des jeux de ballon populaires.
Chaque public school en connaissait une forme différente.
À Rugby, la balle circulait entre coéquipiers de main en main.
À Eton, le field game interdisait de prendre la balle dans ses bras.
À Charterhouse, l'espace limité du cloître contraignait les joueurs au dribbling game...
... mais le jeu n'échappait pas à de furieuses bagarres pouvant mêler jusqu'à soixante personnes.
Dépités par la violence de ces parties de football, les maîtres d'école essayaient, sans succès, d'en interdire l'organisation.

À partir de 1830, une profonde réforme scolaire est initiée par Thomas Arnold, headmaster du collège de Rugby.
Ce dernier, avec toute une génération de nouveaux enseignants, est un fervent disciple des Muscular Christians, une association fondée par un chanoine anglican.
Inspirés par la renommée de la gymnastique prussienne, les Muscular Christians théorisent les bienfaits pédagogiques et moraux des exercices physiques.
Thomas Arnold met ainsi en place un système pédagogique rigoureux, porté vers la moralité chrétienne et le savoir.
Au lieu de s'évertuer en vain à interdire les jeux de football, Thomas Arnold décide de les intégrer dans ses enseignements.
Il décèle dans ces jeux de nouvelles pratiques à codifier pour mieux contrôler le corps des élèves.
JE PRÉFÈRE QUE MES ÉLÈVES JOUENT VIGOUREUSEMENT AU FOOTBALL PLUTÔT QU'ILS EMPLOIENT LEUR TEMPS LIBRE À SE SOÛLER OU SE BATTRE DANS LES TAVERNES.
LE SPORT EST UN ANTIDOTE À L'IMMORALITÉ ET UNE CURE CONTRE L'INDISCIPLINE.

Les premières règles du football sont formalisées autour de 1840.
Mais, à chaque match, l'inextricable diversité des jeux propres aux différentes écoles vient gêner le bon déroulement des rencontres.
En 1848, à Cambridge, quatorze anciens élèves de Harrow, Eton, Rugby, Winchester et Shrewsbury se réunissent dans une chambre d'étudiants.
MESSIEURS, IL EST GRAND TEMPS D'UNIFIER NOS RÈGLES POUR DONNER NAISSANCE À UN FOOTBALL COMMUN !
NON ! ON NE PREND PAS LE BALLON EN MAIN ! ON N'EST PAS À RUGBY, ICI !
MÊME POUR UNE TOUCHE ?
La réunion aboutit aux « règles de Cambridge », qui permettent la démocratisation du football à travers les campus et l'apparition des premiers clubs dès 1857.
Le 26 octobre 1863, onze délégués de clubs de Londres se réunissent à la Freemason's Tavern pour fixer les règles définitives du football.
ET LA PRISE DE BALLE À LA MAIN ?
MÊME POUR LE GARDIEN ?
NOOON !
Le football moderne est né.

À l'instar du cricket ou du tennis, qui se normalisent à la même époque, le football adopte les traits les plus manifestes de la révolution industrielle.
Ses règles standardisées permettent à tous de reproduire les mêmes gestes du corps au sein d'un espace-temps rationalisé.
La séparation des postes et des joueurs au sein de l'équipe met en scène la division du travail en place dans la société industrielle.
Sous l'œil de l'arbitre, qui incarne la discipline, l'organisation du jeu et l'esprit d'initiative visent une même finalité de production...
... marquer des buts.

À partir de 1871, la Fédération anglaise organise la Coupe d'Angleterre de football.
Elle réunit alors quinze clubs de gentlemen, fixant à 90 minutes la durée des matchs et à onze le nombre de joueurs par équipe.
Lord Arthur Fitzgerald Kinnaird est alors la première star footballistique.
Ancien d'Eton et de Cambridge devenu directeur de banque, cet aristocrate incarne l'esprit de fair-play chevaleresque promu par la Fédération.
En prônant le respect des règles, de l'adversaire et du résultat final, le fair-play devient un « entraînement moral sur le terrain transférable à l'ensemble du monde ».
La beauté du geste et l'honneur individuel priment sur la victoire.

Le jeu n'en reste pas moins rude et viril.
SI TU RATES LA BALLE...
... NE RATE PAS L'HOMME !
Leader charismatique, jouant à tous les postes, Lord Kinnaird disputera neuf finales de la Coupe d'Angleterre...
... et la remportera à cinq reprises, avec le Wanderers FC dès 1873 puis avec les Old Etonians.
Il connaîtra une défaite historique lors de la finale de 1883...
... qui signe la fin de l'hégémonie des gentlemen sur le football, et sa reprise en main par le peuple.

Le jeu du peuple

« Mon plus beau but ? C'était une passe ! »

Éric ***CANTONA*** *dans* Looking for Eric, *de Ken* ***LOACH,*** *2009*

Au mitan du XIXe siècle, la révolution industrielle a déjà profondément reconfiguré la Grande-Bretagne.
En 1867, plus de la moitié des Anglais vit en ville et la classe ouvrière représente près de 70 % de la population.
Favorisée par la liberté syndicale et la structuration du mouvement ouvrier, la fondation de l'Association internationale des travailleurs a lieu en 1864 à Londres.
RÉUNION CE SOIR, AU PUB !
VENEZ NOMBREUX !
C'EST POUR QUOI ?
LIMITATION DU TEMPS DE TRAVAIL EN FIN DE SEMAINE.
ON TRIME DÉJÀ ASSEZ LES AUTRES JOURS ! ON A LE DROIT À NOS SAMEDIS APRÈS-MIDI !
LES PATRONS NE LÂCHERONT PAS !
SURTOUT SI ON NE FAIT RIEN !
ON A RÉUSSI À OBTENIR DES JOURS FÉRIÉS, C'EST UN BON DÉBUT.
ÇA NE MARCHERA JAMAIS.
En 1874, les syndicats obtiennent gain de cause.
Le travail est désormais limité à six heures et demie le samedi et les ouvriers peuvent ce jour-là quitter l'usine dès 14 h 00.

D'abord décriée, cette « semaine anglaise » séduit les directeurs d'usine, qui constatent que ce repos permet aux ouvriers d'être plus productifs.
L'establishment estime toutefois nécessaire d'empêcher les travailleurs d'être livrés à eux-mêmes et de succomber à l'alcoolisme, aux jeux de pari ou à l'oisiveté.
Dès lors, l'Église considère le football comme un instrument idéal pour combattre ces « vices » qui menacent la jeunesse ouvrière.
Très vite, elle met sur pied des équipes qui profitent des gazons des presbytères.
Nombre de clubs du championnat anglais sont ainsi d'origine ecclésiastique.
BOLTON WANDERERS
Bolton Wanderers, instauré en 1877 par des vicaires de la Christ Church Sunday School.
EVERTON
Everton
1878
NIL SATIS NISI OPTIMUM
ASTON VILLA
ASTON VILLA
1874
Everton FC, créé en 1878 par les paroissiens de l'église méthodiste St. Domingo's.
Aston Villa, fondé en 1874 par les jeunes méthodistes.

Le patronat voit aussi dans le football un outil d'amélioration de la condition physique et d'atténuation des envies de contestation.
Confronté à des grèves répétées sur ses chantiers navals, Arnold F. Hills fonde ainsi, en 1895, le Thames Ironworks Football Club avec l'ambition de rapprocher ouvriers et cadres.
Les joueurs se font appeler les « Hammers », en référence aux marteaux des ouvriers forgerons, puis adoptent le nom de West Ham United en 1900.
La compagnie ferroviaire Lancashire & Yorkshire Railway lance sa propre équipe ouvrière en 1878.
À la suite d'une faillite, elle est reprise par John Henry Davies, un riche brasseur qui la rebaptisera Manchester United.
Dans le sud-est de Londres, les ouvriers de l'Arsenal royal créent leur équipe en 1886.
D'abord appelé le Dial Square FC, le club prend le nom d'Arsenal en 1891.

D'autres facteurs, comme la multiplication des pubs dans les quartiers populaires, contribuent à diffuser le football auprès de la classe ouvrière.
THE GOOD COMPANION'S
Creusets de nombreuses équipes, les pubs font autant office de vestiaires que de lieux d'organisation des rencontres ou de célébration des victoires et des défaites.
Les journaux couvrent de plus près le football, les résultats pouvant être transmis rapidement grâce au télégraphe.
Les compagnies ferroviaires proposent des promotions spéciales sur les billets afin que les ouvriers puissent assister aux matchs de leur équipe à travers tout le pays.
THE ILLUSTRATED LONDON NEWS
THE CUP MATCH
Étrange retournement historique : alors que les communautés paysannes ont été dépossédées de leur folk football par la bourgeoisie agraire, la classe ouvrière s'entiche du ballon rond initialement réservé à l'élite industrielle.
TAC
Non contente de se réapproprier le jeu, la working class va aussi le faire évoluer.

Imprégnés par l'esprit du fair-play, les clubs aristocratiques des public schools recherchent avant tout l'exploit individuel.
Le kick and rush prévaut, fait de longs dégagements et de courses folles pour tenter de marquer seul.
À partir de 1870, des joueurs écossais se penchent sur les aspects tactiques du jeu…
… et développent un football plus collectif, fait de passes et de conservation du ballon : le combination game.
Durant les années 1880, le principe se diffuse dans le nord de l'Angleterre, via les migrations de travailleurs écossais.
Le passing game voit alors le jour, fusionnant le style écossais et l'esprit d'entraide ouvrier qui règne au sein des usines.

Grâce à ce jeu coopératif, les clubs du nord industriel du pays apparaissent de plus en plus dans les matchs qualificatifs de la Coupe d'Angleterre.
Capitaine : Lord Kinnaird. Banquier d'affaires.
Les Etonians, disposés en 2-2-6, pratiquent le jeu habituel, rude et individualiste...
... et ouvrent le score à la 30e minute.
À la 15e minute des prolongations, Thomas Dewhurst, tisserand, déborde et centre...
... pour Jimmy Costley, jeune ouvrier fileur, qui contrôle...

Capitaine : Albert Warburton. Plombier.
En 1883, la finale de la 12e édition oppose le très aristocratique club des Old Etonians au Blackburn Olympic, un club ouvrier du nord.
Le Blackburn Olympic poursuit son jeu de passe mettant en œuvre l'entraide propre à la condition ouvrière...
... et égalise en seconde mi-temps.
... et qui trompe John Rawlinson, grand avocat anglais et gardien adverse.
Pour la première fois, une équipe ouvrière remporte la Coupe d'Angleterre, mettant fin à l'hégémonie d'un football bourgeois et individualiste.
Mais un autre antagonisme rejaillit à la suite de cette victoire : celui des nobles amateurs contre les ouvriers rémunérés.

Depuis la fin des années 1870, les patrons ont mis en place une compensation financière pour les joueurs ouvriers, afin de pallier les journées de travail perdues pour cause d'entraînements et de matchs.
À la suite de la finale de 1883, les clubs de l'élite bourgeoise demandent à la Fédération anglaise de foot d'enquêter sur cet « amateurisme marron » des clubs du nord.
UN HOMME RESPECTABLE N'A RIEN À FAIRE AVEC DES JOUEURS PROFESSIONNELS.
LE JEU DOIT RESTER UN LOISIR !
En 1884, le Preston North End, club du Lancashire, est exclu de la compétition pour avoir recruté et financé des joueurs écossais.
L'année suivante, après deux nouvelles suspensions, les clubs du nord menacent de créer une fédération dissidente. La Fédération anglaise de foot reconnaît alors le statut de joueur professionnel.
Dès lors, les dirigeants de club appliquent les mêmes logiques économiques et gestionnaires qu'au sein des entreprises.
WEST HAM UNITED F.C.
LE STADE SERA FINI DANS LES TEMPS !
Mais rentabiliser à court terme de tels investissements demande plus qu'une coupe annuelle et quelques rencontres amicales.

À l'initiative de William McGregor, dirigeant d'Aston Villa, douze clubs créent en 1888 la Football League, réservée aux joueurs professionnels.
AVFC
Malgré les recettes grandissantes, les footballeurs restent cantonnés à leur condition précaire d'ouvriers.
BEAU MATCH, HIER ! DOMMAGE QU'ILS AIENT ÉGALISÉ À LA TOUTE FIN !
ON FERA MIEUX DIMANCHE PROCHAIN !
Alors qu'apparaissent les premiers frais de transfert entre clubs, les patrons instaurent le retain and transfer.
Chaque joueur devient la propriété exclusive de son club et ne peut le quitter sans son accord.
En 1901, la Fédération anglaise de foot plafonne également les rémunérations des joueurs à 4 livres par semaine, le salaire moyen d'un ouvrier qualifié.
De plus en plus de joueurs se sentent floués au vu des efforts physiques fournis, des blessures et des profits engrangés par les clubs.

À Manchester, le puissant mouvement ouvrier qui agite la ville décide d'investir le terrain du football professionnel.
FIN DES SALAIRES PLAFONNÉS ! POURCENTAGE SUR LES TRANSFERTS !
INDEMNISATION EN CAS DE BLESSURE !
En 1907, Billy Meredith et Charlie Roberts, tous deux ouvriers et joueurs de Manchester United, créent le syndicat Association of Football Players' and Trainers' Union (AFPTU).
LES PATRONS NOUS FÉLICITENT, ET NOUS OFFRENT DES CASQUETTES ! MAIS ÇA NE SUFFIT PAS !
SI UN FOOTBALLEUR EN SUE PLUS QUE LES AUTRES POUR BIEN JOUER, IL A DROIT À UN MEILLEUR SALAIRE !
L'année suivante, l'AFPTU décide de rejoindre une des plus puissantes centrales syndicales du pays.
La Fédération anglaise et la Football League voient rouge et somment les joueurs syndiqués d'y renoncer sous peine de sanctions.
Aux menaces de grève de l'AFPTU, les autorités footballistiques répondent par une suspension de tous les joueurs syndiqués.

Charlie Roberts, demi-centre de l'équipe, fait appel à la presse pour populariser leurs revendications.
THE OUTCASTS F.C.
La photo de ceux qui se sont baptisés les Outcasts FC (les Bannis FC) fait le tour de l'Angleterre et leur apporte le soutien du public.
La Fédération anglaise de foot propose de lever toutes les sanctions si l'AFPTU renonce à son affiliation.
En octobre 1909, les joueurs votent finalement contre cette adhésion et mettent fin à la grève.
BEAUCOUP DE JOUEURS REFUSENT DE PRENDRE LES CHOSES AU SÉRIEUX, EN FAISANT EXACTEMENT CE QU'ON LEUR DIT AU LIEU DE PENSER ET D'AGIR POUR EUX-MÊMES ET POUR LEUR CLASSE.
Le syndicat a permis d'obtenir des primes de match et de mettre en lumière les conditions de travail des footballeurs...
FIII FIII
... mais le plafonnement des salaires et le retain and transfer seront maintenus jusqu'en 1963.

The Football Railway Company

« Partout où se trouve une île, un îlot, un havre, [...]
là arrive l'Anglais. Il dresse ses poteaux télégraphiques,
il lance sur d'impraticables sentiers son chemin de fer.
Et il joue au football. »

Stefano JACOMUZZI, 1965

TU-TUM-TU TUM-TU-TUM
En même temps que l'Empire britannique exporte son industrie et son idéologie productiviste, le football s'internationalise.

Les acteurs de la colonisation britannique (militaires, missionnaires et industriels) et les étudiants étrangers passés par les public schools portent la bonne parole footballistique aux quatre coins de la planète.

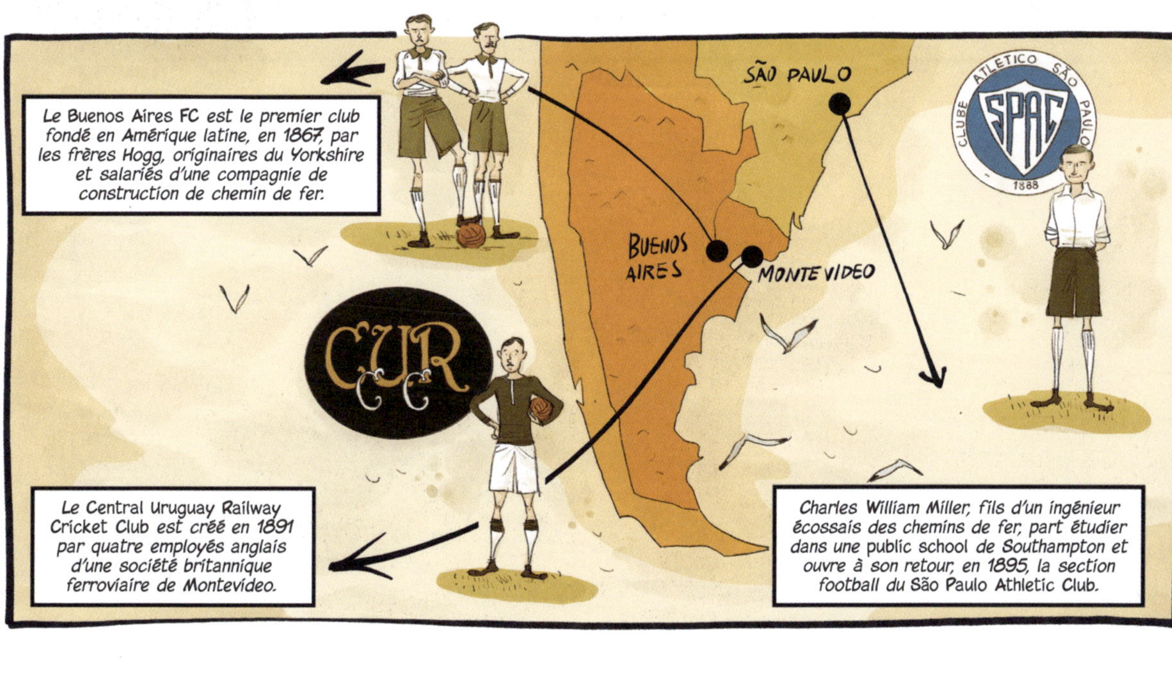
Le Buenos Aires FC est le premier club fondé en Amérique latine, en 1867, par les frères Hogg, originaires du Yorkshire et salariés d'une compagnie de construction de chemin de fer.
SÃO PAULO
BUENOS AIRES
MONTEVIDEO
CLUBE ATLETICO SÃO PAULO
SPAC
1888
CUR
Le Central Uruguay Railway Cricket Club est créé en 1891 par quatre employés anglais d'une société britannique ferroviaire de Montevideo.
Charles William Miller, fils d'un ingénieur écossais des chemins de fer, part étudier dans une public school de Southampton et ouvre à son retour, en 1895, la section football du São Paulo Athletic Club.

Aux États-Unis, en revanche, le football ne prend pas car d'autres jeux de ballon, comme le football américain, sont déjà solidement ancrés dans le système éducatif.

En Afrique du Sud, les premiers matchs, réservés aux colons blancs, sont joués au Cap et à Port Elizabeth dès 1862.
LE CAP
PORT ELIZABETH
Le ballon rond est vite perçu comme un « instrument de civilisation » en Afrique de l'Est.
Et c'est en 1897 que le football est introduit en Ouganda, via l'officier britannique William Pulteney, un ancien d'Eton, et des missionnaires de la Namirembe Church Missionary Society.

Ce sont principalement les marins anglais et les militaires qui importent le jeu sur la façade est-asiatique en 1873 grâce au lieutenant-commander Douglas, instructeur de la Royal Navy à Tokyo.

Les Bengalis commencent à pratiquer le football dans les collèges de colons britanniques.
En 1892, un club indien de Calcutta, le Sovabazar Club, réussit même à battre une équipe militaire anglaise.
Dans la Russie tsariste, deux industriels anglais installés à Orekhovo-Zouïevo, près de Moscou, initient les ouvriers de leur usine au football en 1887.
L'équipe servira d'ancêtre au Dynamo Moscou.
En Turquie, à la fin du XIXe siècle, les Britanniques jouent au football avec les communautés grecques et arméniennes d'Istanbul et d'Izmir, suscitant la réprobation des autorités ottomanes.
TAC

COPENHAGUE
Sur le Vieux Continent, le football débarque à Copenhague en 1876 grâce à des résidents britanniques, puis se popularise dans les pays scandinaves.
HAMBOURG
Un des plus vieux clubs allemands a été fondé à Hambourg en 1887.
PRAGUE
Au sein de l'Empire austro-hongrois, les premières équipes voient le jour à Prague et à Vienne vers 1890.

À Turin, l'Internazionale Torino est fondé en 1891 par Edoardo Bosio, un commerçant italien qui a travaillé dans l'industrie textile en Grande-Bretagne.

Le football milanais se pratique pour sa part entre gentlemen anglais qui se réunissent en 1899 pour créer le très cossu Milan Foot-Ball and Cricket Club, ancêtre du Milan AC.

En Espagne, une poignée d'ingénieurs anglais travaillant pour le port de Bilbao montent en 1894 le Bilbao Football Club, ancêtre de l'Athletic Club de Bilbao (1898).

À Barcelone, Hans Gamper, un Suisse travaillant dans l'import-export, rassemble des expatriés anglais, suisses et allemands pour créer le FC Barcelone, en 1899.

Au Portugal, c'est l'aristocrate Guilherme Pinto Basto, après des études en Angleterre à la Downside School, qui organise en 1888 un premier match pour la jeunesse dorée de Lisbonne, sur la plage de Cascais.

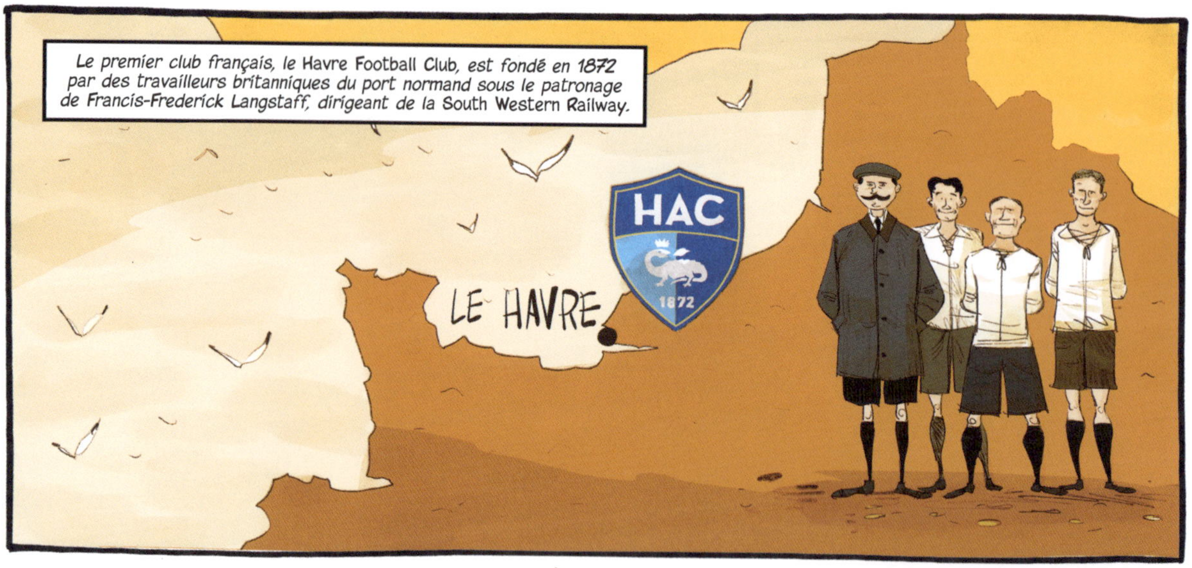
Le premier club français, le Havre Football Club, est fondé en 1872 par des travailleurs britanniques du port normand sous le patronage de Francis-Frederick Langstaff, dirigeant de la South Western Railway.
HAC
1872
LE HAVRE

Le foot s'implante à Paris notamment à la suite d'un voyage scolaire d'élèves de l'école Monge à Eton et grâce aux Anglais venus travailler pour l'Exposition universelle de 1889.

Face au succès grandissant du football en Europe, Édouard Pontié, rédacteur en chef de l'hebdomadaire sportif français Armes et Sports, écrit au début du XXe siècle : « *Tout le Vieux Continent a des équipes de football...* »
« ... Les soleils d'hiver n'éclaireront bientôt plus partout que des joueurs de football. »

Les munitionnettes

« Le football est un jeu pour jeunes filles rugueuses, mais peu recommandé aux garçons délicats. »

Oscar WILDE

Quand la Première Guerre mondiale éclate, en Angleterre, dès 1914, dans le cadre de l'effort de guerre, les usines sidérurgiques ou textiles sont reconverties en usines d'armement.
Elles recrutent nombre de femmes issues de la working class afin de suppléer l'absence des hommes partis au front.
Surnommées les « munitionnettes » ou encore les « canaris » à cause de leurs visages jaunis par le TNT, elles représentent près d'1 million de travailleuses au plus fort du conflit.
Le ballon rond étant déjà enraciné dans la culture ouvrière de leurs pères, frères ou époux, il gagne aisément le cœur d'une partie d'entre elles.
DIX PAQUETS DE CIGARETTES QU'ON CADRE PLUS DE TIRS QUE VOUS DANS LA LUCARNE !
DANS TES RÊVES, GAMINE !
9 À 7 !
C'EST LE TIR DÉCISIF, ALICE !
TAP
SHOT
YEEES!
LES OUVRIÈRES SE DÉBROUILLENT BIEN AVEC UN BALLON. NOUS DEVRIONS MONTER UNE ÉQUIPE.
VRAIMENT, ALFRED ? VOUS N'Y PENSEZ PAS !
DE PLUS EN PLUS D'USINES ORGANISENT DES MATCHS CARITATIFS ENTRE JOUEUSES.
POURQUOI PAS NOUS ?

Ainsi naît, en 1917, le Dick, Kerr Ladies, club de football féminin portant le nom de l'usine qui emploie les joueuses.
Alfred Frankland, un des employés de bureau de l'usine, convainc rapidement le Preston North End FC, le club professionnel de la ville, de mettre son stade à leur disposition.
À Noël 1917, les Dick, Kerr Ladies attirent ainsi 10 000 spectateurs pour un match caritatif contre les joueuses de la fonderie Coulthard.
Et elles reversent l'équivalent de 40 000 livres sterling actuelles à l'hôpital militaire de Preston.
La multiplication des équipes d'ouvrières et l'engouement pour leurs matchs caritatifs aboutissent à la création d'une compétition de football exclusivement féminine.
Quatorze équipes ouvrières participent à cette coupe qui s'achève le 18 mai 1918 par une finale à Middlesbrough opposant les Blyth Spartans Ladies aux Bolckow Vaughan Ladies.
Mais la fin de la guerre va rebattre les cartes.

Entre novembre 1918 et août 1919, 750 000 ouvrières sont licenciées.
Désormais employées par l'hôpital de la ville, les talentueuses Dick, Kerr Ladies ne comptent pas en rester là.
ON CONTINUE !
COMMENT ?

COMME AVANT ! EN ORGANISANT DES MATCHS DE CHARITÉ POUR LES BLESSÉS DE GUERRE OU EN SOUTIEN AUX MINEURS GRÉVISTES. CE NE SONT PAS LES CAUSES QUI MANQUENT !

LA DIRECTION DE L'USINE M'A ASSURÉ DE SON SOUTIEN.
ET J'AI REPÉRÉ UNE NOUVELLE ATTAQUANTE. ELLE EST JEUNE, MAIS REDOUTABLE.

En 1920, les Dick, Kerr Ladies disputent une trentaine de matchs officiels.

25 victoires, 3 défaites.
À peine 15 buts encaissés.
Et 133 marqués.
Dont 43 par la seule Lily Parr, nouvelle attaquante vedette, 15 ans à peine.

* Jour férié en Angleterre, en référence aux boîtes d'étrennes données après Noël.

Mais, alors que le Parlement a autorisé les femmes mariées de plus de 30 ans à voter, un souffle réactionnaire et patriarcal traverse la société britannique.
Nancy Astor, première femme élue.
L'émergence des flappers, de jeunes femmes revendiquant plus de libertés, finit de le transformer en vent de panique morale.
Le football féminin apparaît comme le vecteur d'une crise d'identité de genre.
D'autant que l'idéologie nataliste fait rage, appelant à repeupler le pays.
NOUS DEVONS GARDER À L'ESPRIT NOS BESOINS FUTURS EN TERMES DE MATERNITÉ. SUR CE POINT, IL FAUT QUE LES PLUS HAUTES INSTANCES MÉDICALES SE PRONONCENT SUR LES RISQUES POUR LES FEMMES DE PRATIQUER LE FOOTBALL.
Walter Goodall George, athlète anglais.
Le 5 décembre 1921, la Fédération anglaise de football siffle le retour à l'ordre patriarcal.
ILS INTERDISENT AUX CLUBS PROFESSIONNELS DE PRÊTER LEUR TERRAIN À DES ÉQUIPES FÉMININES !
PIRE ENCORE, ILS NOUS ACCUSENT À DEMI-MOT D'AVOIR DÉTOURNÉ UNE PARTIE DES RECETTES DES MATCHS DE CHARITÉ.
RIEN NE LES ARRÊTE !
NOUS NON PLUS ! S'ILS NE VEULENT PLUS DE NOUS EN ANGLETERRE, NOUS IRONS JOUER AILLEURS !

Portées par leur notoriété sportive, les Dick, Kerr Ladies embarquent en septembre 1922 pour une tournée outre-Atlantique contre les équipes masculines de Baltimore, Washington ou New York.
Hélas, elles la voient rapidement écourtée.
LA FÉDÉRATION CANADIENNE ANNULE LES MATCHS PRÉVUS AU QUÉBEC.
ILS NE NOUS LAISSERONT PLUS JOUER.
Le retour en Angleterre est amer. Et les derniers toasts portés en leur honneur sonnent faux.
À L'AVENIR DU FOOTBALL FÉMININ !
WELCOME BACK DICK, KERR LADIES
Quelques matchs internationaux ont encore lieu, mais la presse cesse de s'en faire l'écho et l'affluence est moindre.
France-Angleterre 1922.
En 1926, les Dick, Kerr Ladies sont dépossédées de leur nom, à la suite du désengagement financier de leur soutien industriel.
Les hommes se réapproprient l'exclusivité du football, laissant le temps effacer peu à peu la mémoire de cette parenthèse féminine.
Il faudra attendre cinquante ans pour que la Fédération anglaise de foot revienne sur le bannissement des femmes du ballon rond.
TUMP

L'art décolonial du dribble

« Le joueur noir qui ondule et chaloupe ne sera pas rossé, ni sur le terrain ni par les spectateurs à la fin de la partie ; personne ne l'attrapera ; il dribble pour sauver sa peau. »

Olivier GUEZ, Éloge de l'esquive, *2009*

Autre combat, autre pays, c'est au Brésil que va naître une autre vision du football.
Introduit en 1894, il y devient vite le loisir de la bourgeoisie urbaine de São Paulo ou de Rio de Janeiro.
Le football est alors à l'image de la société brésilienne de l'époque.
Élitiste et raciste.
4
L'esclavage n'a été aboli qu'en 1888 et les Noirs, les métis, les Amérindiens ainsi que les Blancs les plus défavorisés sont exclus des premiers championnats.
Les rencontres sont rythmées par des festivités calquées sur l'English way of life…
PURE OLD WHISKEY
… autant de marqueurs de distinction sociale qui marginalisent les rares supporters d'origine populaire.
ESTADIO DE FUTEBOL

Loin des tribunes huppées de l'aristocratie brésilienne blanche, se développe un autre football, plus métissé.
À Campinas, une petite ville ouvrière de l'État de São Paulo, naît en 1900 le club Ponte Preta, qui regroupe des travailleurs non blancs des chemins de fer.
Lors des déplacements, l'accueil reste ouvertement raciste.
HOU HOU HOOOU !
Mais les joueurs de Ponte Preta s'approprient le stigmate racial...
... et se font surnommer « Os macacas ».
En 1914, Carlos Alberto devient le premier joueur métis à rejoindre l'équipe du Fluminense FC, grand club de Rio qui interdisait aux Non-Blancs de jouer...
... mais il doit se blanchir la peau à la poudre de riz avant d'entrer sur le terrain.
PUFF
PO DE ARROZ

En 1919, la sélection nationale brésilienne remporte son premier championnat sud-américain, l'ancêtre de la Copa America.
Mais le meilleur buteur du tournoi et principal artisan de la victoire embarrasse les élites du pays.
L'avant-centre Arthur Friedenreich est en effet le fils d'un riche homme d'affaires allemand et d'une lavandière brésilienne à la peau noire.
Malgré ses origines sociales élevées, le joueur est victime du racisme des arbitres qui ne sifflent jamais les fautes qu'il subit.
Arthur Friedenreich est contraint d'élaborer des feintes nouvelles pour esquiver la violence de joueurs impunis.
Onduler, chalouper, éviter tout contact avec les défenseurs blancs.
Être imprévisible, devenir irrattrapable.
Ainsi naît le dribble au Brésil : un geste technique qui pose les premiers jalons d'un autre football...
... et met en scène la condition même du dominé qui, pour exister, doit avant tout se soustraire à la violence du dominant.

En 1924, le championnat Carioca est remporté par le CR Vasco da Gama, un club démocratique et populaire dont l'équipe est composée de chauffeurs blancs et d'ouvriers noirs.
BLANC POUR L'EUROPE
NOIR POUR L'AFRIQUE
ROUGE POUR LES AMÉRINDIENS
LES TROIS IDENTITÉS DU BRÉSIL MÊLÉES SUR LE MAILLOT
C'est un véritable affront pour les quatre grands clubs de Rio qui, en plus d'imposer la blancheur des joueurs, tentent aussi d'interdire les footballeurs analphabètes ou journaliers.
AFC
Vasco da Gama conserve son titre en 1924 et contribue, par l'affirmation de sa diversité, à faire tomber les barrières de la ségrégation.
Il faut néanmoins attendre l'avènement du professionnalisme, en 1933, et la course aux meilleurs joueurs qu'il engendre pour entrevoir une vraie démocratisation.
Les clubs n'hésitent plus à recruter des joueurs issus de milieux stigmatisés et attirent dans leurs travées un public plus populaire.
Les torcidas organizadas (associations de supporters) fleurissent dans les stades et y apportent une culture afro-brésilienne évoquant le Carnaval.

À l'occasion de la Coupe du monde de 1938 en France, la sélection brésilienne flamboie pour la première fois à l'international.
Seule représentante sud-américaine (l'Uruguay et l'Argentine ont déclaré forfait en raison du coût de la traversée), la Seleção termine à la troisième place...
... avec un style de jeu qui ne laisse personne indifférent.
« Ils jonglent avec leur ballon, ils dribblent à l'infini. Les joueurs brésiliens sont de parfaits artistes du ballon. » Lucien Gamblin, journaliste et ancien joueur
« Leurs petites passes transversales et répétées ridiculisent parfois quelques adversaires, mais, en fin de compte, tout cela n'est que du petit jeu inefficace. » Maurice Pefferkorn, commentateur
Malgré une deuxième victoire consécutive de l'Italie fasciste de Mussolini, les deux vedettes du Mondial sont brésiliennes.
Le premier est Domingos da Guia, défenseur réputé pour ses remontées de terrain en dribblant, balle au pied.

Le second s'appelle Leônidas da Silva, alias « le Diamant noir », sacré meilleur buteur avec sept réalisations...
... et qui popularise dans les stades français un nouveau geste technique : la bicyclette.
« Il y a quelque chose qui rappelle la danse, la capoeira, dans le football brésilien... »
« ... qui adoucit et arrondit ce jeu inventé par les Britanniques, ce jeu pratiqué de façon si aiguë et anguleuse par les Européens. »
« Tout cela semble exprimer le métissage à la fois flamboyant et ingénieux qui peut aujourd'hui être décelé à travers toute affirmation propre au Brésil. »
Gilberto Freyre, anthropologue brésilien

L'homme de papier

« Soyez unis et soudés dans le combat contre la direction sportive nazie et la dictature, contre le principe de l'autorité et l'action qui consiste à nous priver de nos droits. »

Éditorial de RUT-SPORT,
journal sportif ouvrier allemand imprimé clandestinement, 16 novembre 1934

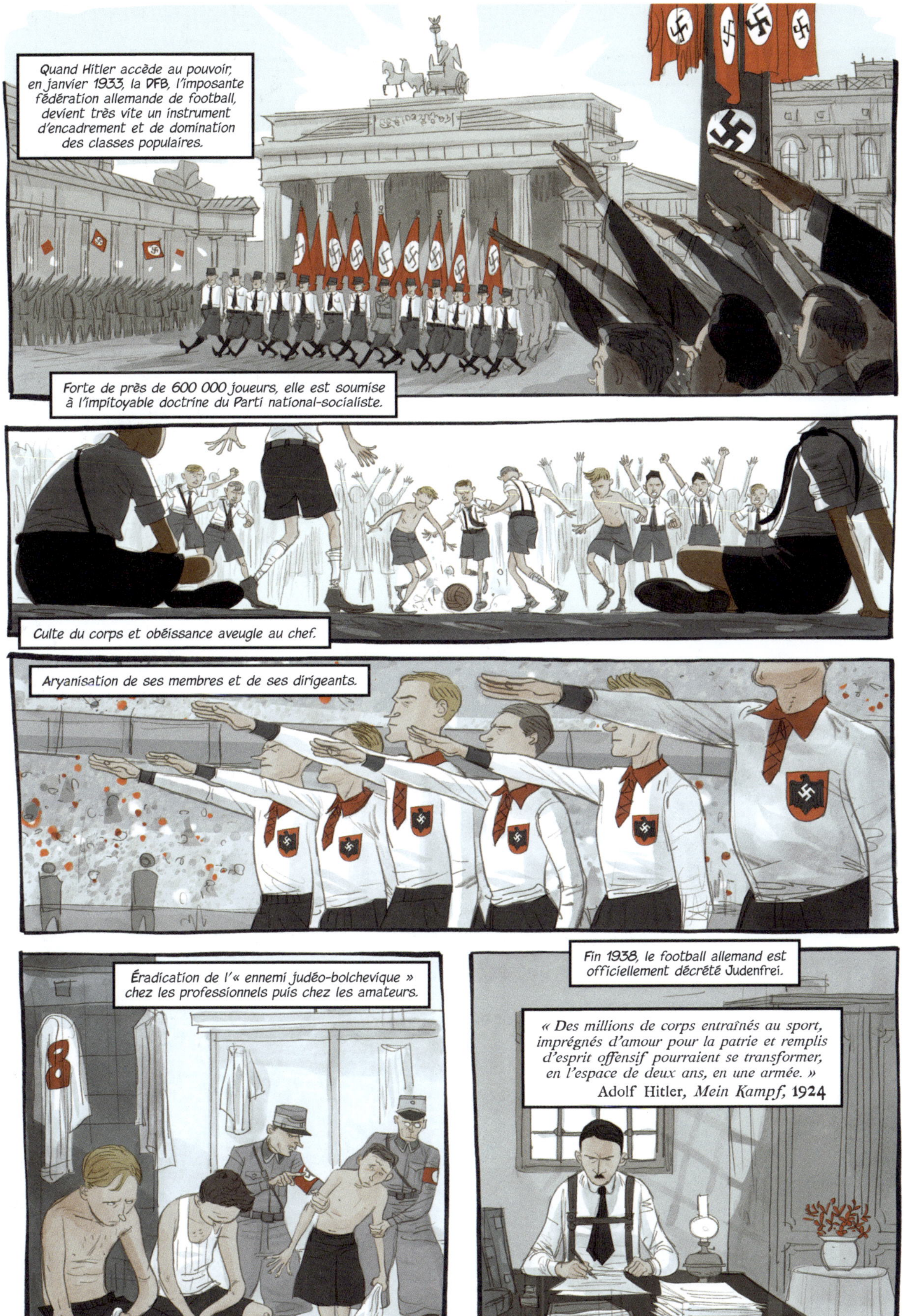

Quand Hitler accède au pouvoir, en janvier 1933, la DFB, l'imposante fédération allemande de football, devient très vite un instrument d'encadrement et de domination des classes populaires.
Forte de près de 600 000 joueurs, elle est soumise à l'impitoyable doctrine du Parti national-socialiste.
Culte du corps et obéissance aveugle au chef.
Aryanisation de ses membres et de ses dirigeants.
Éradication de l'« ennemi judéo-bolchevique » chez les professionnels puis chez les amateurs.
Fin 1938, le football allemand est officiellement décrété Judenfrei.
« Des millions de corps entraînés au sport, imprégnés d'amour pour la patrie et remplis d'esprit offensif pourraient se transformer, en l'espace de deux ans, en une armée. »
Adolf Hitler, *Mein Kampf*, 1924

Pourtant, Hitler déteste le football, qu'il trouve trop urbain et pas assez germanique à son goût.
À l'occasion des Jeux olympiques de Berlin en 1936, qu'il a transformés en spectacle de masse à la gloire du régime, il assiste néanmoins au quart de finale qui oppose l'Allemagne à la Norvège.
À la 7e minute, l'Oslovien Magnar Isaksen ouvre le score.
Sous les yeux de 100 000 supporters et du Führer, la Mannschaft ne parvient pas à égaliser.
À la 83e minute, Isaksen réalise un doublé et élimine l'Allemagne du tournoi olympique.
Ce sera la première et la dernière apparition officielle d'Hitler lors d'un match de football.

Deux ans plus tard, le 12 mars 1938, la Werhmacht envahit l'Autriche. L'Anschluss doit donner naissance à une grande Allemagne plébiscitée par référendum, sous haute surveillance militaire, le 10 avril 1938.
HREN P.
LAOS
DESP
Une semaine avant le scrutin, les dirigeants nazis décident d'organiser un match amical de football entre les deux pays, prélude à la dissolution de l'équipe autrichienne et à son annexion sportive à celle du Reich.
Et ce d'autant que la Wunderteam, l'équipe autrichienne, domine alors le football européen.
Elle est menée par l'attaquant viennois Matthias Sindelar, surnommé « le Mozart du football » ou « l'homme de papier » autant pour son physique que pour sa faculté à se glisser dans les défenses adverses.
SINDELAR
NOUS NE JOUERONS QU'AVEC NOS COULEURS, CELLES DE L'AUTRICHE.
CELLES DE L'OSTMARK, SINDELAR ! VOTRE PAYS EST DÉSORMAIS UNE PROVINCE DE NOTRE GRAND REICH !

CE MATCH DOIT ÊTRE UN SYMBOLE D'UNITÉ ET D'ÉGALITÉ.
PORTEZ VOS MAILLOTS SI VOUS Y TENEZ.
MAIS N'OUBLIEZ PAS CE QUE NOUS AVONS CONVENU : LE SCORE DOIT ÊTRE NUL À LA FIN DU MATCH.
UNITÉ ET ÉGALITÉ !
Malgré la présence de près de 60 000 spectateurs, le match a lieu dans un silence de plomb.
La première mi-temps se déroule sans but, mais, dans les tribunes, personne n'est dupe.

La Wunderteam démontre par l'absurde sa supériorité technique sur ses « frères allemands »...
... en faisant preuve d'une gaucherie sans précédent à l'approche de la surface.
Mais, à la 78e minute, le grotesque ne tient plus.
Sindelar ouvre le score.

Quelques minutes plus tard, un coup franc est sifflé pour la Wunderteam.
Près de 45 mètres.
Karl Sesta le frappe...
... et enterre d'un lob incroyable toute velléité d'égalité sportive.
Aux antipodes des archétypes physiques aryens, le fragile Sindelar, « l'homme de papier », et Karl Sesta, d'origine polonaise et surnommé « le Gros », imposent la vérité du terrain et pulvérisent, le temps d'un match, la propagande totalitaire.
Mais, en humiliant ainsi les autorités nazies, Matthias Sindelar vient de signer son arrêt de mort.
La popularité du joueur auprès des Viennois le préserve un temps, les nazis préférant d'abord manipuler son image.
VOLKISCHER BEOBACHTER
TOUS LES FOOTBALLEURS REMERCIENT LE FÜHRER DU FOND DU CŒUR ET APPELLENT À VOTER « OUI »!
Deux mois plus tard, à l'occasion de la Coupe du monde 1938, le sélectionneur allemand lui propose même d'intégrer la Mannschaft.
CE SERA SANS MOI. MON GENOU EST FRAGILE ET JE SUIS TROP ÂGÉ.

Son dernier match officiel a lieu le 26 décembre 1938, sous les couleurs de l'Austria de Vienne...
... pour battre, grâce à son unique but, le Hertha BSC Berlin.
Dès lors, Matthias Sindelar vit en semi-clandestinité avec sa compagne juive italienne Camilla Castagnola.
Fichés « sympathisants juifs, tchèques et socio-démocrates », traqués par la police, ils sont retrouvés inanimés dans leur appartement le 23 janvier 1939.
Officiellement, leur décès est imputé à une intoxication au monoxyde de carbone, mais d'aucuns privilégient la thèse du suicide ou celle de l'assassinat par la Gestapo.
Quoi qu'il en soit, Vienne en fait son martyr.
Près de 15 000 personnes assisteront aux funérailles de Matthias Sindelar, devenu un symbole de la résistance civile face à l'hégémonie nazie.

Les frères Starostine

« Il est essentiel de considérer la culture physique, non seulement du point de vue de l'éducation physique et de la santé, [...] mais aussi comme une méthode à part entière pour éduquer les masses. »

Résolution officielle du Parti communiste de l'URSS, *13 juillet 1925*

Dans les années 1920, le modèle sportif bolchevique se construit d'abord en opposition aux sports bourgeois capitalistes.
La culture prolétarienne (proletkult) bannit l'esprit de compétition et le professionnalisme. Elle voit le football comme une pratique décadente qui risque de blesser le travailleur.
Mais la montée en puissance de Staline au sein du Parti modifie vite ces aspirations.
LES SPORTIFS SOVIÉTIQUES DOIVENT DEVENIR LES MEILLEURS ! ET L'URSS, LE PAYS DES RECORDS DU MONDE !
Moscou, 1936. Appartement communautaire (Kommunalka) de la banlieue de Presnia.
TU ENTENDS ÇA, IOURI ? LE PETIT NOUVEAU SUPPORTE LE CSKA !
QUOI ? MAIS ÇA NE VA PAS ÊTRE POSSIBLE !
MAIS... POURQUOI ?
PARCE QUE C'EST L'ÉQUIPE DE L'ARMÉE ! ILS JOUENT COMME DES SOLDATS : EN RANG ET SANS RÉFLÉCHIR !
TOUT N'EST PAS PERDU : IL NE SUPPORTE PAS LE DYNAMO.
POURQUOI ? QU'EST-CE QU'IL Y A AVEC LE DYNAMO ?
MOINS FORT, CAMARADES, MOINS FORT...

LE DYNAMO MOSCOU EST L'ÉQUIPE DU GUÉPÉOU, LA POLICE POLITIQUE.
ON NE PEUT EN DIRE QUE DU BIEN.
MAIS VOUS ÊTES POUR QUI, ALORS ?
LA SEULE VRAIE ÉQUIPE DES OUVRIERS ET DU PEUPLE...
LE SPARTAK MOSCOU !
SPARTAK... COMME LES SPARTAKIADES ?
SPARTAKIADE
JULI 1931 BERLIN
ROTE SPORTINTERNATIONALE
ET COMME SPARTACUS ! LE GLADIATEUR ESCLAVE QUI A BRISÉ SES CHAÎNES ET FAIT TREMBLER ROME !
LE SPARTAK A ÉTÉ FONDÉ PAR DES GARS DU QUARTIER, LES FRÈRES STAROSTINE.
IL Y A UN MATCH DANS TROIS JOURS.
TU VAS VENIR AVEC NOUS, ÇA TE REMETTRA LES IDÉES EN PLACE.
MAIS JE N'AI PAS DE QUOI PAYER UN BILLET !
ON S'ARRANGERA, TU VAS VOIR.

Lutteur, hockeyeur et footballeur, Nikolaï, l'aîné de la famille Starostine, commence par organiser des matchs sur les terrains vagues du quartier...
... avant de fonder, en 1922, le club de Krasnaïa Presnia, sans aucune aide financière de l'État ou du Parti bolchevique.
Joueur et entraîneur, il gère aussi les finances. Le club se mue en véritable entreprise familiale qui vit de la vente des billets.
Puis arrive un premier sponsor en 1926, le « Pichtchevik », syndicat des travailleurs de l'alimentation.
En bon dirigeant, Nikolaï se rapproche du Komsomol, l'organisation de jeunesse du Parti, afin d'obtenir son appui institutionnel et politique.
En bon promoteur, il renomme le club Spartak, en 1935, assurant son aura auprès des travailleurs.

Moscou, stade du Dynamo, 1936.
Билеты
ON NE PASSERA JAMAIS…
SEULS, NON…
MAIS ON VA ATTENDRE LA MACHINE À VAPEUR.
COMMENT ÇA ?
ON Y VA !
SUIS-NOUS !
NON ! NON !
VOUS N'AVEZ PAS DE BILL…
VITE ! DÉPÊCHE-TOI !
C'EST LA FORCE DU COLLECTIF !

LE VIRAGE EST, C'EST LE NÔTRE ! CELUI DES SUPPORTERS DU SPARTAK !
ET LÀ-BAS, ASSIS DANS LES TRIBUNES, CE SONT LES COLS BLANCS DU DYNAMO.
POLICIERS ET MEMBRES DU PARTI.
À BAS LES FLICS !
À BAS LE DYNAMO !
REGARDE, LES JOUEURS DU DYNAMO FONT LEUR ENTRÉE.
ILS... ILS NE DEVRAIENT PAS CRIER DES CHOSES PAREILLES...
DEHORS, NON...
MAIS DANS LE STADE, LE TEMPS DU MATCH, LA FOULE NOUS REND INVISIBLES.
CE N'EST PAS GRAND-CHOSE, UNE PETITE FAÇON DE DIRE NON... MAIS C'EST DÉJÀ ÇA.
DEHORS, LE RÉGIME ME DIT QUOI FAIRE, QUOI MANGER, QUOI PENSER.
MAIS ICI, C'EST MOI QUI CHOISIS MON ÉQUIPE !
ET C'EST LE SPARTAAAAAAAK !

En novembre 1938, le Géorgien Lavrenti Béria est nommé à la tête de la police politique soviétique après avoir mené d'une main de fer les purges staliniennes dans le Caucase.
En tant que chef de la police, Béria est également président d'honneur de la société sportive du Dynamo. Grand amateur de football, il s'adonne à cette tâche avec passion.
Le Spartak est alors au sommet de sa popularité : déjà champion d'URSS en 1936, il réalise en 1938 le doublé coupe-championnat.
Les victoires sportives, le train de vie ostentatoire des Starostine, dont les frères Alexandre et Andreï jouent dans l'équipe, et l'indépendance financière du Spartak commencent à irriter la police politique.
Après avoir dominé le championnat, le Spartak remporte, le 9 septembre 1939, la demi-finale de la Coupe d'URSS face au Dynamo Tbilissi par 1 but à 0.
Le score est contesté par la formation géorgienne, mais le Spartak est qualifié et remporte la finale trois jours plus tard face au Stalinets Leningrad.

TU AS VU, IOURI ? LA DEMI-FINALE CONTRE LE DYNAMO EST À REJOUER.
LE COMITÉ CENTRAL DU PARTI A INVALIDÉ LE BUT VICTORIEUX.
MAIS C'EST ABSURDE ! ON A DÉJÀ GAGNÉ LA FINALE !
NUL NE S'OPPOSE À BÉRIA... PAS MÊME LA RÉALITÉ...
La demi-finale est rejouée le 30 septembre 1939 devant 80 000 supporters effervescents.
Malgré des joueurs blessés ou absents, le Spartak l'emporte 3 à 2 contre le Dynamo Tbilissi.
Dès lors, Béria a pour obsession de mettre en geôle les frères Starostine.
Mais la fille de Nikolaï est la meilleure amie de celle du Premier ministre Viatcheslav Molotov qui refuse de signer l'ordre d'arrestation fin 1939.
Malgré tout, en mars 1942, en pleine guerre contre l'Allemagne nazie, les quatre frères et leur entourage sont arrêtés pour propagande anti-soviétique, corruption et tentative d'attentat contre Staline...
... et déportés pour une durée de dix ans au goulag.

Sibérie, 1946.
KASS
IOURI, LÂCHE CETTE PIOCHE ! C'EST L'HEURE DE L'ENTRAÎNEMENT !
OUI, CAPITAINE !
ÇA VA COMMENT, TON GENOU ?
ÇA VA, ÇA VA.
LE NOUVEL ENTRAÎNEUR A ÉTÉ TRANSFÉRÉ HIER. AVEC LUI, LE CHAMPIONNAT INTERGOULAGS EST À NOUS !
JE NE TE PRÉSENTE PAS...
NIKOLAÏ STAROSTINE...
C'EST... C'EST INCROYABLE...
Le pouvoir démesuré du Parti n'était rien face à celui du football.
La place des frères Starostine dans le cœur des supporters leur permettra de surmonter les affres de la captivité, épaulés par nombre de prisonniers.
TAP TAP
Jusqu'à leur libération en 1954, ils survivront à l'enfer du goulag grâce à l'immense popularité du Spartak...
... et à une petite façon de dire « non » qui se retrouvera jusqu'aux confins de la Sibérie.

Football panafricain

« Contre le devenir historique, il y avait à imposer l'imprévisibilité. »

Franz FANON, Peau noire, masques blancs*, 1952*

L'Afrique découvre le football au contact des travailleurs expatriés des chemins de fer, des militaires et des religieux européens.
Très vite, le pouvoir colonial y voit un moyen d'« inculquer aux masses africaines » l'obéissance et de mieux contrôler le corps du colonisé.
AFRIQUE

En Afrique-Occidentale française ou au Congo belge, les prêtres sont à l'origine des premiers clubs.
Noirs et Blancs restent séparés, en raison de la peur des autorités d'assister à une revanche symbolique des « indigènes » sur les colons.
Le Jeanne d'Arc de Dakar, Sénégal, 1923.
SÉNÉGAL
Le Daring Faucon, Kinshasa, 1936, sous l'égide du père Raphaël de la Kethulle de Ryhove, dit « Tata Raphaël ».
CONGO BELGE
DCMP
LE JEU DU FOOTBALL PERMET AUX NÈGRES DE BRIDER LEUR PASSION INNÉE DE SE BATTRE.

En Afrique-Équatoriale française, des équipes informelles de Congolais s'auto-organisent à Brazzaville, dès 1929, pour établir leur propre terrain de foot.
Une prise d'initiative qui effraie les autorités coloniales et les amène à mettre sous leur coupe le football noir local.

Au Cameroun oriental, des unions sportives « indigènes » sont mises sur pied dès 1932, chaque club de quartier reflétant les divisions ethniques du territoire créées par le colonisateur.
Les Caïmans d'Akwa, communauté Douala.
CAIMAN CLUB DE DOUALA
CAMEROUN
TONNERRE
KALARA CLUB
YAOUNDE
1934
Le Canon de Nkolndongo et le Tonnerre de Mvog Ada incarnent la communauté Ewondo.
Cette « tribalisation » du football permet à l'administration française de classer des populations dont les noms et les langues lui apparaissent nombreux et confus.

Mais le football échappe peu à peu au contrôle colonial. Affaiblie par la Seconde Guerre mondiale et redevable à son empire, la France entame un prudent réformisme social.
Elle abolit le travail forcé et promeut les élites africaines comme intermédiaires entre l'administration et les « indigènes ».
Instituteurs et autres fonctionnaires africains apparaissent au sein des directions de clubs sportifs.
L'extension aux colonies de la loi sur la liberté d'association en 1946 fait passer le nombre de clubs en Afrique-Occidentale française de 184 en 1943 à 438 en 1957.
Si les équipes « indigènes » épousent les clivages religieux ou ethniques du colonisateur, elles catalysent aussi les aspirations populaires à l'autodétermination.
Avec la montée en puissance des mouvements de libération, le club de foot devient un foyer de contestation anticolonialiste.
Les stades se transforment en caisse de résonance des revendications indépendantistes et les pelouses en un lieu de confrontation avec le colon.
En juin 1953, à Léopoldville, au Congo belge, est organisée la première rencontre officielle entre une équipe blanche européenne et une formation locale mixte.

La veille du match, la presse belge accable les joueurs congolais de préjugés racistes.
La Dernière Heure
Match du Beerschott
Qui n'a pas vu quatre ou cinq douzaines de négrillons jouer contre cinq autres douzaines ne sait pas ce que c'est qu'une corrida.
À la surprise générale, les Anversois ne remportent la rencontre que 5 buts à 4 et, dans les travées, chacun constate que les six joueurs africains ont dominé la partie.
Quatre ans plus tard, en 1957, l'Union Saint-Gilloise de Bruxelles affronte l'équipe entièrement noire de l'Association royale sportive congolaise.
L'Union l'emporte 4 à 2, bien aidée par un arbitrage partisan qui a refusé deux buts aux Congolais.
Des violences éclatent dans les tribunes ségréguées puis gagnent les abords du stade.
SALES PETITS BELGES !
RENTREZ CHEZ VOUS !
Aux yeux des historiens, ces événements présagent les révoltes de janvier 1959 à Léopoldville qui marqueront un tournant décisif dans l'accession à l'indépendance de la colonie en 1960.

Avec l'indépendance du Ghana puis celle de la Guinée en 1958, le football fait briller sur le continent l'espoir du panafricanisme.
Les Black Stars, l'équipe nationale du Ghana, en sont les porte-drapeaux.
TU SAIS D'OÙ VIENT LEUR SURNOM ?
C'EST PARCE QU'ILS MÉRITENT DE TRÔNER AU FIRMAMENT DU FOOTBALL ?
PAS SEULEMENT !
LA BLACK STAR LINE ÉTAIT UNE COMPAGNIE DE PAQUEBOTS TRANSATLANTIQUES DÉDIÉE AUX AFRICAINS-AMÉRICAINS ET CRÉÉE PAR MARCUS GARVEY, LE MILITANT PANAFRICAIN.
TOUT ÇA, C'EST DE LA POLITIQUE ! ÇA N'EXISTE PAS SUR LE TERRAIN !
AU CONTRAIRE ! LE GHANA DE NKRUMAH QUI JOUE CONTRE LA GUINÉE DE SÉKOU TOURÉ !
C'EST ÇA, LE PANAFRICANISME !
L'INDÉPENDANCE N'EXISTE QUE SI ELLE EST COMMUNE.
POUR ÊTRE TOTALEMENT LIBRES, IL FAUT L'ÊTRE ENSEMBLE.
AFRICA MUST UNITE

Considérée comme la première organisation panafricaine, la Confédération africaine du football (CAF) est fondée en 1957...
... et donne naissance, la même année, à la Coupe d'Afrique des nations (CAN), que les Black Stars remporteront en 1963 et 1965.
À l'approche du Mondial 1966, l'heure est toujours à l'union.
NKRUMAH EST FOU ! IL APPELLE LES PAYS AFRICAINS AU BOYCOTT DE LA COUPE DU MONDE !
AFRICA UNITE
IL A BIEN RAISON !
LA FIFA N'A ATTRIBUÉ QU'UNE SEULE PLACE À TOUTE L'AFRIQUE, L'ASIE ET L'OCÉANIE !
CES GENS-LÀ NE MÉRITENT PAS QU'ON SE DÉPLACE !
Mais cette unité panafricaine se fissure dès la fin des années 1960, le football postcolonial subissant la manipulation propagandiste et le contrôle des autorités.
Paranoïaque après deux tentatives d'assassinat, Nkrumah se décrète dirigeant à vie des fédérations sportives de son pays.

Même évolution au Zaïre, où Mobutu fait de l'équipe nationale, les Léopards, une vitrine de son régime dictatorial.
Les Léopards remportent la Coupe d'Afrique des nations en 1968 puis en 1974 et deviennent la même année la première équipe subsaharienne à être qualifiée pour le Mondial.
Mais, dès le premier tour, les Léopards sont défaits 2 à 0 par l'Écosse.
JUGOSLAWIEN - ZAIRE 9-0
1-0 BAJEVIC,19
2-0 DZAJIC,11
3-0 SURJAK,9
4-0 KATALINSKI,15
5-0 BAJEVIC,19
6-0 BOGICEVIC,6
7-0 OBLAK,3
8-0 NR 7
9-0 NR19
Avant d'être humiliés par la Yougoslavie.
Leur prochain adversaire est le Brésil.
LE ZAÏRE NE SUPPORTERA PAS UNE NOUVELLE HUMILIATION AUX YEUX DU MONDE !
JE NE LE SUPPORTERAI PAS !
JE CONNAIS LA VALEUR DU BRÉSIL...
... MAIS SI VOUS PERDEZ PAR PLUS DE 3 BUTS D'ÉCART, LES CONSÉQUENCES SERONT REDOUTABLES.

Tétanisés par les menaces de Mobutu, les joueurs zaïrois sont rapidement menés 2 à 0.
À la 78e minute, les Brésiliens obtiennent un coup franc aux 20 mètres.
FIIII
SOCK
Le défenseur Ilunga Mwepu tente un geste surréaliste.
Avant même le coup de sifflet de l'arbitre, il fonce vers le ballon...
... et devient la risée des commentateurs, qui ne se privent pas de préjugés racistes en mettant en doute la capacité des joueurs noirs à comprendre les règles du foot.
TAU
Des années plus tard, on comprendra la portée contestataire de ce tir qui venait briser, le temps d'un instant, la pesanteur du régime mobutiste sur les Léopards...
... et signer la fin du football radieux des indépendances.

Dribbleurs Social Club

« D'un seul élan la foule repentante dans un acte de mort
se dresse et crie à l'unisson son chant d'espérance.
*Garrincha, l'ange, écoute et répond : **GOOOAAL** ! »*

Vinicius de MORAES, L'Ange aux jambes tordues, *1962*

GRÈS
GRESSO
50 ANS DE PROGRÈS EN 5 ANS
50 ANOS DE PROGRESSO EM 5 ANOS
ORDEM E
L'arrivée au pouvoir du président Kubitschek, en 1956, marque l'entrée du Brésil dans l'ère de la prospérité.
Le pays jouit d'un boom économique et urbain qui se répercute dans le monde du football.
JUSCELINO KUBITSCHEK
L'exode rural massif concentre de jeunes talents dans les quartiers pauvres des villes que les clubs recrutent, portés par le développement financier du Brésil.
Élu à la tête de la Confédération brésilienne du football, João Havelange veut donner à la Seleção les moyens financiers et matériels de remporter la Coupe du monde 1958.
Les 22 joueurs qui prennent l'avion pour la Suède comptent des vétérans, comme Nilson Santos...
PAN AMER
... ou des joueurs au sommet de leur gloire sportive, comme l'attaquant Vavá ou le milieu de terrain afro-brésilien Didi.
Deux jeunes recrues, sélectionnées par l'entraîneur Vincente Feola, attisent particulièrement la curiosité des amateurs de football.
Garrincha et Pelé.

De son vrai nom Manoel Francisco dos Santos, Garrincha vit une enfance libre dans la cité ouvrière de Pau Grande.
Réservé et souriant, il hérite du surnom « Garrincha » d'après un petit oiseau farouche au chant élégant qui meurt aussitôt capturé.
Né avec une jambe plus courte de 6 centimètres que l'autre, Garrincha fait de cette malformation un atout qui rend ses dribbles imprévisibles et ravageurs.
À 15 ans, il est repéré par l'équipe de football de l'usine textile où il travaille déjà depuis plusieurs années.
À 19 ans, il est recruté par Botafogo, le grand club carioca où il devient un ailier droit indispensable.
Ses origines modestes et ses dribbles chaloupés en font rapidement une idole populaire.

* Défaite du Brésil en finale du Mondial contre l'Uruguay.

À leur arrivée en Suède, les joueurs brésiliens sont cloîtrés dans leur hôtel.
La Fédération, encore traumatisée par la défaite de 1950, qu'elle attribue en partie à ses joueurs noirs, veut discipliner la Seleção.
Le régime alimentaire des joueurs, leurs déplacements, leur vie familiale et sexuelle sont surveillés de près.
Un psychologue est même mandaté pour sélectionner les joueurs les plus mentalement aptes à concourir.
ALORS ?
ALORS, PELÉ EST ENCORE UN ENFANT.
IL N'EST PAS ASSEZ COMBATIF ET MANQUE DU SENS DES RESPONSABILITÉS NÉCESSAIRE.
ET GARRINCHA ?
IL NE SUPPORTERA PAS LA PRESSION ET IL N'EST CLAIREMENT PAS ASSEZ AGRESSIF.
SANS COMPTER QUE SON QUOTIENT INTELLECTUEL EST INFÉRIEUR À LA MOYENNE.
Ces sordides considérations racistes interdisent à l'entraîneur de titulariser ces deux joueurs contre l'Autriche et l'Angleterre.
Mais, après le nul 0-0 contre cette dernière équipe, Feola fait entrer le duo Pelé-Garrincha sur le terrain face à la redoutable URSS.

La Seleção se transforme dès lors en machine à gagner.
Garrincha martyrise par ses dribbles virevoltants le défenseur Boris Kuznetsov.
Tandis que Pelé inscrit le but de la victoire en quart de finale contre le pays de Galles.
Avec Didi en meneur, les deux hommes déroulent un jogo bonito* artistique et aérien.
En demi-finale, Pelé marque un triplé contre la France.
Le Brésil est en finale contre la Suède, l'équipe hôte.
Pour le Times, la confrontation devient symbolique : « Les Suédois sont grands, anguleux, homogènes et blonds... »
« ... les Brésiliens ne sont que mélange – mais surtout plus petits, plus ronds et plus noirs. »

* Beau jeu.

Les Scandinaves ouvrent le score dès la 4e minute.
Mais Vavá inscrit rapidement deux buts.
Garrincha éblouit le public avec ses contre-pieds fulgurants.
Et Pelé marque à la 55e à la suite d'un majestueux coup du sombrero.
Sigge Parling, le défenseur chargé de son marquage, confiera : « Après le cinquième but, j'avais moi-même envie de l'applaudir. »
5 à 2. Le Brésil est champion de monde. La malédiction du Maracanaço est conjurée.
Le sacre démontre à tous que les jeunes joueurs peuvent « supporter la pression » tout en sublimant la diversité raciale de tout un peuple.

Le triomphe brésilien entérine le jogo bonito comme forme d'expression collective à dimension décoloniale.
Le futebol arte devient un langage corporel à part qui érige le métissage culturel en trait fondamental de l'identité brésilienne.

Il réhabilite au demeurant une figure populaire mythique, celle du malandro.
Voyou hédoniste et séducteur, mi-canaille mi-dandy, sans dieu ni maître, le malandro compte sur sa roublardise pour gravir les échelons de la société qui lui sont interdits, comme le précise le journaliste Olivier Guez.

Il est alors incarné dans les stades par un Didi ou un Garrincha au jeu de jambes ravageur nommé la ginga…
… un mot qui désigne à la fois le balancement dans la démarche de la crapule des favelas et un mouvement de capoeira.

« Le malandro danse et marche, simule et dissimule, à la frontière du bien et du mal », écrit alors le compositeur Chico Buarque.
Bluffeur, provocateur, c'est un dribbleur social.

Si Garrincha incarne le malandro, Pelé propose un modèle populaire diamétralement opposé.
Il est celui qui veut s'assimiler et fait sienne la devise nationale.
Depuis l'adolescence, Pelé mène une vie ascétique, s'abstenant de tabac, d'alcool et de toute sortie nocturne.
Sa rigueur sportive en fait un footballeur modèle, aussi humble qu'obéissant et aussi technique que physique.
Pratique encore rare à l'époque, Pelé fait appel à un agent pour négocier ses contrats et à un manager pour conjuguer au mieux football et business.
HAVE A PEPSI DAY
PEPSI PE
Alors que des figures sportives internationales noires deviennent les étendards du Black Power, Pelé incarne une conscience noire plus consensuelle, rassurant par là même l'establishment du football.

* L'ange aux jambes tordues.

Quatre ans plus tard, la Coupe du monde au Mexique est la première à être retransmise en couleur, magnifiant la tenue auriverde.
PHILIPS
Le Brésil survole la compétition et s'impose en finale 4 à 1 face à des Italiens vite débordés.
Pelé devient le premier et le seul joueur à remporter trois fois le Mondial.
Le président brésilien, le général Médici, qui tient le pays sous le joug d'une dictature militaire depuis 1964, instrumentalise au mieux la victoire.
La mainmise de la junte sur le ballon rond ainsi que le miracle économique des années 1970 font disparaître le futebol arte des pelouses brésiliennes.
PLUS RIEN N'ARRÊTE LE BRÉSIL
Exit l'art du beau jeu inventé au cours des parties de foot de rue, laboratoires populaires de l'innovation footballistique.
Garant de la paix sociale et de l'unité nationale, le football, sous l'étreinte des militaires, ne tolère plus les dribbleurs à dimension politique.

Diego, Dieu et le Diable

« Et un beau jour la déesse du vent baise le pied de l'homme,
ce pied maltraité, méprisé, et de ce baiser naît l'idole du football. »

Eduardo ***GALEANO,*** Le Football, ombre et lumière, *1998*

* « Peluche », à cause de sa touffe de cheveux.

Professionnel à 15 ans, il hisse les Argentinos Juniors au sommet de la première division argentine.
À 17 ans, il honore sa première sélection avec l'équipe nationale argentine et gagne la Coupe du monde des espoirs 1979, dont il est sacré meilleur joueur.
Baptisé par la presse le Pibe de oro, le « Gamin en or », il est racheté une fortune par Boca Juniors en 1981.
Dans un pays écrasé depuis 1976 par la dictature militaire du général Videla, Maradona insuffle un vent de liberté et de joie footballistique.
Non content de faire gagner le championnat à Boca Juniors, il humilie River Plate, le club ennemi.
BATTRE RIVER PLATE ME PROCURE LA MÊME SENSATION QUE LORSQUE MA MÈRE VENAIT ME RÉVEILLER AVEC UN BAISER.
Mais, plus qu'un club, c'est tout un pays que Maradona incarne par son football fébrile et ses origines sociales.
BOCA JUNIORS

Arrivé dans les années 1870 avec les Anglais, le football en Argentine reste longtemps l'apanage de clubs d'expatriés britanniques, au jeu rude et mécanique.
Face à cette britishness, le style criollo (créole) émerge sur les terrains vagues de Buenos Aires sous l'influence des immigrants espagnols et italiens.
Dans une ville où 60 % des habitants sont des immigrants en 1914, il devient un ciment social et culturel.
Individualiste, nerveux et créatif, le criollo met en avant la feinte et la ruse nécessaires à ceux qui survivent par la débrouille.
Avec son jeu inventif, Maradona devient une pure incarnation de ce football argentin.
Ses origines modestes, sa fougue et sa petite taille l'identifient également au pibe...
... une figure argentine populaire de l'enfant des rues, malicieux et irrévérencieux.

Lors du Mondial 1982, en Espagne, Maradona s'illustre en tant que pibe frondeur.
Cible des défenseurs rugueux, son équipe est dominée 3-0 par le Brésil au second tour...
... le Pibe de oro craque et quitte le match sur un carton rouge.
Un autre coup de sang forge la réputation du joueur après son transfert au FC Barcelone en 1982.
Il est constamment martyrisé par les défenseurs adverses : Andoni Goikoetxea, de l'Athletic Bilbao, va jusqu'à lui briser la cheville, l'empêchant de jouer pendant trois mois.
CRACK
Quand les deux équipes se retrouvent en finale de la Coupe d'Espagne, un an plus tard, Maradona déclenche une violente bagarre générale.
La rixe suscite la controverse, s'ajoutant aux frasques nocturnes du joueur et à sa récente addiction à la cocaïne.

* Gamin des rues de Naples, qui rappelle la figure du *pibe*.

À la veille de la Coupe du monde 1986, Maradona est titularisé capitaine de l'Argentine.
Emportés par son jeu ardent, les Argentins se qualifient pour les quarts de finale où ils affrontent l'Angleterre.
La veille de la rencontre, les médias attisent les rivalités en comparant le match à la guerre des Malouines qui a opposé les deux pays quatre ans plus tôt.
Achevé après la mort de 650 soldats argentins et 250 militaires anglais, le conflit reste synonyme de trauma pour tous les Argentins.
Une humiliation que le Onze argentin entend bien effacer sur la pelouse du stade Azteca de Mexico, devant plus de 110 000 spectateurs.
Mais, à la mi-temps, le score est toujours de 0 à 0.

Soudain, six minutes après la reprise, Maradona perce la défense et passe à Valdano.
Dépassé par la vitesse, Steve Hodge renvoie en cloche vers son gardien.
SEIKO
Et en tentant une tête, Maradona marque discrètement le but de sa main.
Les tribunes explosent...
JVC VHS
... et malgré les protestations anglaises...
FI
... l'arbitre valide ce premier but.

Trois minutes plus tard, Maradona démarre en trombe...
... dribble toute la défense anglaise...
... et marque un des plus beaux buts de l'histoire du football. L'Argentine est en demi-finale.
« Tout s'est passé en 4 minutes : le vaurien et le génie, Dieu et le diable, un bonneteur de haut vol et une divinité du football. »
El Mundo

En conférence de presse, l'attaquant attise la polémique.
CE GESTE, JE L'AI FAIT AVEC LA TÊTE DE MARADONA ET LA MAIN DE DIEU.
Si l'irrégularité rend la défaite plus amère pour les Anglais, elle est d'autant plus appréciée en Argentine qu'elle est un geste purement criollo.
Face à la domination physique anglaise, le petit Diego a convoqué l'art de la duperie pour vaincre le Goliath britannique.
OPEL
Le second but rappelle quant à lui une autre caractéristique du jeu criollo.
IL A DRIBBLÉ ET DRIBBLÉ ENCORE...
CES QUELQUES SECONDES SONT GRAVÉES DANS MA MÉMOIRE, SUSPENDUES À JAMAIS DANS LE TEMPS.
CELA VENAIT DU PLUS PROFOND DE MOI.
C'EST QUELQUE CHOSE QUE J'AVAIS DÉJÀ FAIT SUR LE TERRAIN VAGUE À FIORITO.

* La Vierge Marie, en dialecte napolitain.

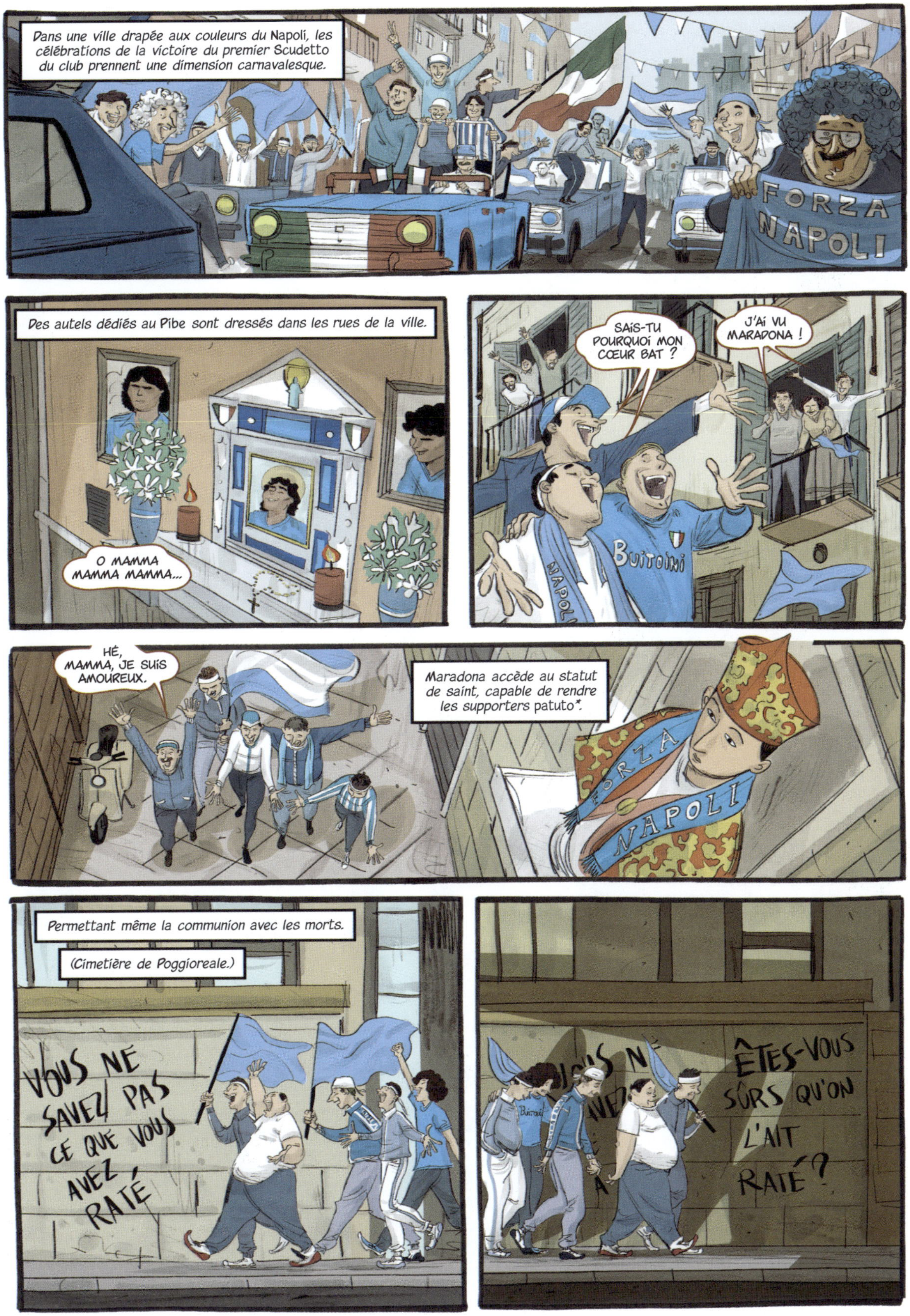

* Envoûtés, passionnés.

* Dirigeant de la FIFA.

Paradoxalement, ces condamnations n'entament en rien sa popularité à Naples.
IL A VRAIMENT EU RAISON DE FAIRE TOUT CE QU'IL A FAIT, DE SE DROGUER, DE BAISER, DE SE DIVERTIR, DE S'EN FOUTRE DE TOUT ET DE TOUS.
En Argentine non plus, le dévouement ne faiblit pas.
NOUS PARDONNONS À DIEGO ! ET NOUS PARDONNERONS TOUJOURS !
PARCE QU'IL EST L'ESSENCE MÊME DE LA JOIE FOOTBALLISTIQUE !
La dimension christique de Maradona s'étoffe au gré de la médiatisation de sa boulimie ou de ses addictions.
Derrière le Pibe rebelle se révèlent les fêlures d'un être vulnérable, nouveau martyr cathodique.
Maradona
D10S
Afin de prolonger cette dévotion, trois supporters argentins créent l'Église maradonienne à Rosario moins d'un an après la fin de sa carrière.
L'ÉGLISE MARADONIENNE RASSEMBLE LES FANATIQUES DE MARADONA À TRAVERS LE MONDE ENTIER.
NOTRE RELIGION, C'EST LE FOOTBALL ET, COMME TOUTE RELIGION, ELLE SE DOIT D'AVOIR UN DIEU.
DE ORO

Deux grandes fêtes rythment le calendrier maradonien : les Pâques maradoniennes, célébrées chaque 22 juin en commémoration des deux buts contre l'Angleterre.
PIZZERIA
EMPANADAS
22 DE JUNO SEMANA SANTA MARADONIANA
Et la Noël, qui a lieu le 29 octobre, veille de l'anniversaire de Diego.
IGLESIA MARADONIANA
D10S
NOTRE DIEGO, QUI ES SUR LES TERRAINS, QUE TON PIED GAUCHE SOIT BÉNI...
... QUE TA MAGIE OUVRE NOS YEUX...
... FAIS-NOUS NOUS SOUVENIR DE TES BUTS...
... SUR LA TERRE COMME AU CIEL.
D10S
(Chapelet à 34 perles, comme le nombre de buts de Maradona avec l'Albiceleste.)
QU'EST-CE QUE JÉSUS A FAIT QUE MARADONA N'A PAS FAIT ?
ILS ONT TOUS LES DEUX FAIT DES MIRACLES...
C'EST JUSTE QUE CEUX DE MARADONA SONT HOMOLOGUÉS.

Ultras Ahlawy

« Je n'étais qu'un esclave du système
et quand la révolution a éclaté,
nous avons pris toutes les rues du pays.
Nous sommes morts pour la liberté,
et pour que tombent les têtes corrompues.
Nous ne sommes pas près d'abandonner,
car le régime continue de frapper.
Les chiens de la police et l'injustice
sont omniprésents. »

Notre histoire, *chant des Ultras Ahlawy*

Le Caire, Égypte. Pont Qasr al-Nil, 28 janvier 2011.
LE PEUPLE... VEUT...
Depuis trois jours, le peuple égyptien descend dans la rue pour protester contre le régime militaire de Hosni Moubarak.
... LA CHUTE DU RÉGIME !
ATTENTION !
Violences policières, chômage de masse et corruption ont mis à mal le Raïs au pouvoir depuis trente ans.
ILS CHARGENT !
STUMP
TUMP
Après cinq heures de bataille rangée, la police est mise en échec.

Les milliers de manifestants s'engouffrent sur la place Tahrir pour une occupation qui durera plusieurs semaines.
HÉ, STUPIDE RÉGIME...
... QUAND COMPRENDRAS-TU QUE CE QUE JE DEMANDE...
... C'EST LA LIBERTÉ !
En première ligne de cette victoire, les Ahlawys, supporters du club cairote d'Al Ahly, depuis toujours le « club du peuple » en Égypte.
En 1905, l'activiste indépendantiste Mustafa Kamil pose les fondations d'Al Ahly, « Le National » en arabe.
Le club d'Al Ahly devient un lieu de rencontre militant entre jeunes résistants à l'occupation britannique.
En 1956, dès son arrivée au pouvoir, Gamal Abdel Nasser devient président d'honneur du club et cherche à récupérer l'aura anticolonialiste d'Al Ahly.
Son successeur, Anouar El-Sadate, fait recruter par le club des joueurs palestiniens afin de restaurer son image dans les territoires occupés après les accords de paix signés avec Israël en 1978.

Dans les années 1980, le président Moubarak transforme le championnat égyptien en manne financière pour le régime.
Moubarak fait d'Al Ahly un outil de propagande pour alimenter le patriotisme ou revigorer sa cote de popularité à la veille d'élections.
Si le club d'Al Ahly est lié à l'histoire égyptienne, sa rivalité avec le Zamalek fait aussi partie de l'imaginaire populaire du pays.
Fondé en 1911 par l'avocat George Merzbach, Zamalek incarne dès sa création l'équipe de la bourgeoisie du Caire et la formation favorite du roi Farouk Ier durant son règne, de 1936 à 1952.
ALHY
AL
Entre les Rouges (le sang) et les Blancs (la pureté), le peuple et les élites, l'indépendantisme et le royalisme, l'opposition entre les deux clubs est l'une des plus violentes au monde.
La mainmise du régime de Moubarak sur le football égyptien et la rivalité centenaire entre Al Ahly et Zamalek vont cependant être bousculées par la déferlante du mouvement « ultra » en Afrique du Nord.

* Animation visuelle au motif de grande envergure pouvant remplir une tribune.

C'EST BIEN ! MAIS, AVANT ÇA, IL FAUT QUE TU RAMÈNES DE L'ARGENT.
MAIS... JE... J'EN AI PAS...
T'INQUIÈTE ! TU VAS ALLER VENDRE DU MATOS AUX SUPPORTERS QUI EN ONT.
C'EST COMME ÇA QU'ON EST LIBRES ! ON NE DÉPEND DE PERSONNE !
MAIS LE CLUB EST AU COURANT ?
AL AHLY
BIEN SÛR QUE NON ! LES PROPRIÉTAIRES D'AL AHLY, C'EST COMME LA POLICE, ILS SONT TOUS CORROMPUS PAR MOUBARAK.
N'OUBLIE JAMAIS ÇA, LE CLUB, IL APPARTIENT À NOUS. ET À NOUS SEULS !
D'ACCORD.
ÇA Y EST, HOSSAM : TU ES AVEC NOUS, MAINTENANT !
En 2011, dans un pays où la liberté d'association et de manifestation n'existe pas, les Ultras Ahlawy rassemblent des dizaines de milliers de « Hossam » sans emploi.

Durant l'occupation de la place Tahrir, les ultras deviennent des acteurs à part entière de la révolution. Ils érigent des check-points et diffusent leurs chants protestataires.
Ils sont lanceurs de pierres, spécialistes du retournement de voitures à des fins défensives...
... fabricants de projectiles...
... ou secouristes improvisés.
Le 2 février 2011, les partisans de Moubarak, appuyés par des hommes de main du régime, attaquent la place Tahrir pour mettre un terme à la révolution.
Rivaux dans les stades, Al Ahly et Zamalek unissent leurs forces pour repousser l'assaut en ce jour baptisé la « bataille des chameaux ».
Le 11 février 2011, Moubarak quitte le pouvoir.

Le Conseil suprême des Forces armées (CSFA), organe militaire dirigé par le maréchal Tantawi, prend le pouvoir dès le 12 février.
Mais, en novembre 2011, les ultras d'Al Ahly et de Zamalek sont de nouveau aux avant-postes des manifestations pour demander la démission des militaires.
TANTAWI, LE PEUPLE VA T'EXÉCUTER !
La rue Mohammed Mahmoud, où sont établis nombre de ministères, devient le théâtre de combats contre les forces de l'ordre.
Novembre 2011 sera considéré comme le mois le plus sanglant de la révolution égyptienne.
BANG
Avec une cinquantaine de manifestants morts et des milliers de blessés.
SBAM
La rue Mohammed Mahmoud prendra même le surnom de « rue des Yeux de la liberté ».

Le 1er février 2012, un an presque jour pour jour après la défaite du pouvoir place Tahrir, un match à Port-Saïd oppose l'équipe locale, Al-Masry, à Al Ahly.
À la fin de la partie, les supporters port-saïdiens envahissent soudain les tribunes adverses.
RESTEZ GROUPÉS !
Les lumières du stade s'éteignent et les portes de sortie sont verrouillées.
?!
Les Ahlawys se font alors attaquer à coups de pierres et de couteaux devant des policiers impassibles.
CE N'EST PAS DU FOOTBALL, C'EST UNE GUERRE ! LES GENS MEURENT SOUS NOS YEUX !
L'agression vire au massacre : 74 morts et près de 200 blessés graves.
Cet événement tragique bouleverse la planète foot comme l'ensemble des Égyptiens.

Pointant la coïncidence des dates, les Ahlawys y décèlent une vengeance de l'armée pour l'humiliation de la « bataille des chameaux ».
IL ARRIVE !
ATTRAPE-LE !
etisalat
Et poursuivent la contestation dans les stades malgré la surveillance policière.
ÇA VA ÊTRE GRANDIOSE !
OH SALAUDS DE MILITAIRES !! QUEL EST LE PRIX DU SANG D'UN MARTYR ?
En 2013, une vingtaine de supporters d'Al-Masry sont condamnés pour homicide. Sept policiers sont acquittés.
Révoltés, les Ultras Ahlawy mettent le feu aux bâtiments de la Fédération égyptienne de football.
À la suite de la reprise en main du pouvoir par le général Al-Sissi à l'été 2013, toute contestation sociale est tuée dans l'œuf.

En février 2015, les forces de police dispersent violemment les supporters de Zamalek, faisant 20 morts.
La justice ordonne alors la dissolution de tous les groupes ultras du pays.
Le 2 février 2016, les Ahlawys commémorent dans leur propre stade les quatre ans du massacre de Port-Saïd.
Le rassemblement se transforme en manifestation anti-gouvernementale.
FUCK THE POLICE
Par le rapport de force qu'ils ont instauré avec le pouvoir depuis 2011, les ultras attirent régulièrement l'attention des organisations politiques égyptiennes.
Et la refusent à chaque fois.

Mais, après avoir incarné la figure du héros révolutionnaire puis celle du martyr, les ultras s'intègrent mal au mouvement social.
AL AHLY
Nombre de manifestants leur reprochent leur culture viriliste et leur vision patriarcale de la société.
Les lourdes pertes humaines dans leurs rangs les amènent également à se replier sur eux-mêmes.
NOUS AVONS PERDU NOS AMIS SUR LA PLACE TAHRIR ET À PORT-SAÏD, NOUS NOUS SOMMES BATTUS CONTRE LA POLICE ET L'ARMÉE...
... MAIS NOUS N'AVONS PAS ATTEINT LES OBJECTIFS DE LA RÉVOLUTION.
NOUS AVONS ÉTÉ LA RAGE ET LA COLÈRE...
... UN JOUR, NOUS REVIENDRONS DANS LES STADES.
ULTRAS NEVER DIE

Le football féminin contre le patriarcat sportif

« Elles affirment triomphant que tout geste est renversement. »

Monique WITTIG, Les Guérillères, *1969*

Dans les années 1960, le football féminin français se développe dans un cadre inattendu.
Lors de kermesses sportives, des matchs féminins sont organisés comme attractions burlesques.
DES FEMMES CONTRE DES POMPIERS... C'EST PAS MAL...
SI LES FILLES SONT EN CALEÇON, JE SUIS PAS CONTRE !
À Reims, en juillet 1968, le journaliste Pierre Geoffroy lance un appel à former une équipe féminine pour la promotion de son journal L'Union.
TU DEVRAIS Y ALLER, GHISLAINE.
TU CROIS ?
L'UNION
Une vingtaine de jeunes femmes se présentent et sont réparties en deux équipes.
ON NE VIENT PAS JUSTE POUR L'EXHIBITION, M'SIEUR GEOFFROY !
C'EST DES VRAIS MATCHS QU'ON VEUT FAIRE !
D'abord sceptique, Pierre Geoffroy découvre que la plupart jouent depuis des années avec leurs frères et se débrouillent très bien.
À tel point qu'un représentant du Stade de Reims leur propose de jouer en lever de rideau d'une rencontre masculine.
ÇA VA LE FAIRE, HEIN ?
ON VA LEUR MONTRER.

EN ENTRANT SUR LE TERRAIN, ON APPRÉHENDAIT LA RÉACTION DES SPECTATEURS.
Nicole Mangas, joueuse rémoise.
Au début, il y a bien sûr eu quelques ricanements.
Mais les constructions de jeu...
TAC
TAC
... les centres et les tirs bien frappés...
TAC
... ont fini par susciter les ovations de la foule.
FOCH
Le talent des Rémoises et les encouragements de Pierre Geoffroy aboutissent à la création d'un tournoi régional en mars 1969.
FRANCE
FFF
Très vite, 2 000 pratiquantes sont recensées et la Fédération française de football (FFF) reconnaît officiellement le foot féminin le 29 mars 1970.

Mais les cadres de la FFF restent coincés dans les stéréotypes de genre.
ON VA LIMITER LES MATCHS FÉMININS À DEUX FOIS 35 MINUTES.
TRÈS BIEN ! ÇA ÉVITERA QUE CES PETITES SE FATIGUENT.
ON INTERDIT TOUTE MIXITÉ ? À L'ENTRAÎNEMENT COMME EN COMPÉTITION ?
BIEN SÛR ! ON NE VA PAS SE MÉLANGER AVEC LE SEXE FAIBLE !
Sans appuis financiers, les équipes féminines sont contraintes de s'affilier à des clubs masculins.
La cohabitation se révèle difficile, les footballeurs bénéficiant en priorité des infrastructures.
LES BALLONS SONT OVALES, TELLEMENT ILS N'EN PEUVENT PLUS DES GARÇONS.
LE TIEN EST GONFLÉ, C'EST DÉJÀ ÇA...
T'AS VU LES MAILLOTS ?
CE N'EST PAS POSSIBLE, ILS NOUS ONT REFILÉ CEUX DES MINIMES ?
HÉ, LES MISS ! ON VOUS AURAIT BIEN PROPOSÉ DE PARTAGER LES DOUCHES !
MAIS VOUS N'ÊTES PAS NOTRE TYPE DE NANAS !

En 1971, la première équipe de France féminine est sélectionnée pour un Mondial officieux au Mexique.
¡BIENVENUDAS, CHICAS!
?!
La compétition est sponsorisée par les alcools Martini & Rossi.
TOUT EST PRÊT POUR VOUS ACCUEILLIR : POTEAUX DE CAGE PEINTS EN ROSE...
... SALONS DE BEAUTÉ DANS LES VESTIAIRES...
AVEC MA COMPÉTITION, LES GENS VONT AVOIR DU FOOT ET DE LA CUISSE !
Le sexisme envers les footballeuses se traduit aussi dans la presse.
FRANCE FOOTBALL
Des cheveux noirs frisés. Des yeux rieurs. Une voix caressante. Adorable. Et comme, de plus, elle joue très bien au football, on ne peut qu'être séduit.
France Football, 1970.
Le manque d'intérêt est flagrant, l'angle toujours le même.
Libération
Elles rassemblent tous les gabarits et tous les tempéraments. Avec des cuisses un peu musculeuses au sein de l'élite. Pas de quoi faire débander un amant pour autant.
Libération, 1978.
Cette mise au ban ne favorise pas la venue du public.
En 1982, les Rémoises, pourtant déjà cinq fois championnes de France, attirent à peine 200 spectateurs par match.
Cette même année, Ghislaine Royer-Souef raccroche les crampons après quatorze ans de compétition.
Que ce soit à Reims ou en équipe de France, elle n'a jamais reçu le moindre salaire.

En 1991, l'équipe des États-Unis remporte la première Coupe du monde féminine organisée par la FIFA.
Pratiqué par les communautés italiennes et latinos, le soccer s'est aussi imposé auprès des femmes comme une alternative aux sports nationaux et virils que sont le football américain et le base-ball.
Aux États-Unis, à la fin des années 1990, près de la moitié des 8 millions de joueurs de soccer sont des joueuses.
À la même époque, en France, Marinette Pichon, redoutable attaquante gauchère, donne le véritable coup d'envoi du foot féminin.
Sélectionnée chez les « Bleues », dès 1994, la jeune footballeuse déchante.
Y A ERREUR, MADEMOISELLE ! CLAIREFONTAINE, C'EST POUR LES GARS.
VOUS, VOUS DORMEZ CHEZ LES BLEUETS, LES MOINS DE 21 ANS.
Lasse, Marinette Pichon part aux États-Unis et devient en 2002 la première Française professionnelle du championnat de foot états-unien.
AYSO
Sacrée meilleure espoir de la ligue américaine dès sa première saison, elle porte le maillot de l'équipe de France jusqu'en 2007.
81 buts pour 112 sélections.
En 2018, elle reçoit un Out d'or de l'Association des journalistes LGBTI pour avoir été l'une des premières sportives françaises à se dire ouvertement lesbienne et à défendre l'homoparentalité.
OUT D'OR DU SPORT
OUT

En 2011, l'accession des Bleues à la demi-finale du Mondial, suivie par près de 2,3 millions de personnes, signe un véritable tournant.
Pour Bruno Bini, leur entraîneur, les gens ont vu « 21 filles ordinaires avec un coach ordinaire, ça leur a bien plu ».
Mais la FFF reste obsédée par la « féminité » des joueuses...
... les amenant à poser nues pour une campagne promotionnelle...
... organisant des « journées jupes » pour leur apprendre à porter un tailleur...
... ou intitulant le programme scolaire féminin de la FFF « Le football des princesses ».
LE FOOTBALL DES PRINCESSES
TOUTES LES FILLES QUI N'ÉTAIENT PAS ASSEZ FÉMININES ÉTAIENT SOUPÇONNÉES D'ÊTRE HOMOS. CERTAINES ÉTAIENT MOINS SÉLECTIONNÉES.
ON ÉTAIT EN PLEINE LESBOPHOBIE.
Annie Fortems, footballeuse capitaine de l'ES Juvisy dans les années 1970.
LES SPORTIVES SONT APPRÉCIÉES POUR LEUR CORPS « PERÇU » PLUS QUE POUR LEUR CORPS « POUR SOI ».
C'EST À SE DEMANDER SI ELLES JOUENT POUR ELLES OU POUR LE REGARD DES HOMMES.
Béatrice Barbusse, sociologue du sport.

Face à ces inerties, des joueuses se mobilisent, comme l'Américaine Megan Rapinoe, défenseuse des droits LGBTT et des femmes.
Le 8 mars 2019, elle entreprend de poursuivre en justice la Fédération américaine pour « discrimination de genre institutionnalisée ».
Un combat pour l'égalité salariale qu'elle réitère auprès de la Fédération internationale.
AU VU DES RESSOURCES ET DES CAPACITÉS QU'A LA FIFA D'ENTRAÎNER UN CHANGEMENT, JE CONSIDÈRE QU'ILS N'EN FONT VRAIMENT PAS ASSEZ.
En 2016, à la suite de Colin Kaepernick, elle est la première personne blanche à poser un genou à terre pour protester contre le racisme et les violences policières.
Durant le Mondial 2019, elle refuse de chanter l'hymne national en signe de protestation contre la politique de Donald Trump.
JE NE VAIS PAS FAIRE SEMBLANT, JE NE VAIS PAS FAIRE DES COURBETTES À UN PRÉSIDENT QUI EST CLAIREMENT CONTRE TANT DE CHOSES POUR LESQUELLES JE ME BATS ET QUI CONSTITUENT QUI JE SUIS.

LES DÉGOMMEUSES
En France, les militantes féministes des Dégommeuses, équipe créée en 2012, s'approprient les terrains verts pour lutter contre le sexisme, les LGBT-phobies et toutes les discriminations.
ON ESSAIE DE LUTTER PAR ET DANS LE SPORT EN FOURNISSANT UN ESPACE SEREIN POUR QUE DES LESBIENNES ET DES PERSONNES TRANS ET NON BINAIRES PUISSENT JOUER TRANQUILLEMENT SUR UN TERRAIN DE FOOT.
Marine Romezin.
SI TU NE PRENDS PAS TA PLACE, PERSONNE NE TE LA DONNERA.
LE FOOT EN EST LA MÉTAPHORE, ON INVESTIT L'ESPACE SUR LE TERRAIN.
5
la coupe BERNARD TAPINE
LE DRAMA QUEER FC (MARSEILLE)
LES HIJABEUSES
LE REAL MADRE
Nombre d'équipes féminines et queer n'hésitent désormais plus à « prendre leur place » au sein de compétitions amateures.
Des premiers sillons émancipateurs des années 1970 aux militantismes actuels, le football féminin fissure peu à peu le bastion patriarcal.
TRENTE ANS APRÈS, LA VILLE DE REIMS A ENFIN FAIT POSER UNE PLAQUE SUR LE STADE AVEC NOS CINQ TITRES DE CHAMPIONNES.
AVANT, IL N'Y AVAIT QUE CELLE DES HOMMES.
En l'honneur des féminines du Stade de Reims, 5 fois championnes de France 1975, 1976, 1977, 1980, 1982.
Ghislaine Royer-Souef.
Une route de longue haleine qui reste semée d'embûches.
En l'honneur des féminines du Stade de Reims, 5 fois championnes de France 1975, 1976, 1977, 1980, 1982.

Café du Sport
NON MAIS REGARDEZ-MOI ÇA ! CE N'EST PAS POSSIBLE !
ET QUE JE GALOPE APRÈS MON IDOLE ! ET QUE JE RÊVE D'ACHETER SES CHAUSSURES À PRIX D'OR...
... ET QUE S'IL ME RESTE UN PEU D'ARGENT APRÈS ÇA, JE VAIS ALLER LE CLAQUER EN PARIANT SUR SES MATCHS !
ÇA VA ? JE NE SUIS PAS EN RETARD ?
NON, ON EN EST ENCORE AUX PUBS.
ET EN PLEIN COUP DE BLUES RITUEL.
POUR UN MATCH DE CHELSEA CONTRE LIVERPOOL, ÇA SE TIENT, NON ?
MARREZ-VOUS ! EN ATTENDANT, VOUS N'AVEZ PAS L'IMPRESSION QUE LE POGNON A DÉJÀ TOUT BOUFFÉ ?
C'EST VRAI QU'ELLE EST BIEN PROPRETTE, LEUR BANLIEUE.
BET

FAUDRAIT LEUR CONFIER LE RAVALEMENT DE NOS QUARTIERS HLM.
QUARTIERS ET CITÉS DONT ILS VIENDRONT PILLER LES JOUEURS EN PUISANT DANS LEUR « VIVIER ».
QU'EST-CE QUI TE CHAGRINE, AVEC LES « VIVIERS » ?
MAIS PUTAIN ! LES VIVIERS, C'EST POUR LA POISCAILLE !
C'EST TROP RÉDUCTEUR ! LES TERRAINS DE FOOT RESTENT ENCORE DES TERRAINS DE LUTTE !
REGARDE JENNI HERMOSO, LA JOUEUSE ESPAGNOLE, EMBRASSÉE DE FORCE PAR LE PRÉSIDENT DE SA FÉDÉRATION.
CE N'EST PAS PASSÉ, CETTE FOIS ! LE GARS A DÛ DÉMISSIONNER.
OU LES MILITANTS ÉCOLOGISTES QUI UTILISENT LA POPULARITÉ DU FOOT POUR FAIRE PASSER LEUR MESSAGE.
JUST STOP OIL
ÇA NE DURERA PAS.
QUAND BIEN MÊME ! LE FOOTBALL NE SE LIMITE PAS AUX PELOUSES.
TOUT AUTOUR, IL FÉDÈRE ET RASSEMBLE.

TU AS ENTENDU PARLER DES SUPPORTERS DES CLUBS RIVAUX D'ALGER ? ILS ONT ÉTÉ LES PREMIERS À MANIFESTER EN 2019 CONTRE LE RÉGIME AUTORITAIRE DE BOUTEFLIKA...
Café du Sport
... OU DES ULTRAS BRÉSILIENS DES CORINTHIANS OU DE L'ATLETICO MINEIRO ?
ILS ONT DÉFAIT LES BARRAGES DES PRO-BOLSONARO QUI REFUSAIENT LES RÉSULTATS DE L'ÉLECTION PRÉSIDENTIELLE EN 2022.
SUR LES PELOUSES, DANS LES TRIBUNES OU DANS LA RUE, UNE AUTRE HISTOIRE DU FOOTBALL CONTINUE DE S'ÉCRIRE.
VOUS AVEZ FINI ? ÇA COMMENCE !
OUI, C'EST BON !
OUI ! VAS-Y !
À GAUCHE ! PASSE À GAUCHE !
« Les technocrates ont beau le programmer dans ses moindres détails, les puissants ont beau le manipuler... »
ET BUUUUUT !
LIVERPOOL
« ... le football veut toujours être l'art de l'imprévu. »
Eduardo Galeano

POUR ALLER PLUS LOIN

Christian Bromberger, Alain Hayot et Jean-Marc Mariottini, *Le Match de football. Ethnologie d'une passion partisane à Marseille, Naples et Turin*, Éditions de la Maison des sciences de l'homme, Paris, 1995.

Mickaël Correia, *Une histoire populaire du football*, La Découverte, Paris, 2018, Poche, 2020.

Mickaël Correia et Sébastien Thibault (dir.), *Le Grand Footoir. Les dérives du football expliquées en 15 matches*, Solar, Paris, 2022.

Mickaël Correia et Sébastien Thibault (dir.), *Tout n'est pas footu. 15 raisons d'aimer quand même le foot*, Solar, Paris, 2024.

Paul Darby, *Africa, Football, and FIFA. Politics, Colonialism, and Resistance*, Routledge, Oxford, 2002.

Paul Dietschy, *Histoire du football*, Perrin, Paris, 2010.

Vittorio Dini, "Maradona, héros napolitain", *Actes de la recherche en sciences sociales*, vol. 3, n° 103, 1994.

James M. Dorsey, "Pitched battles. The role of ultra soccer fans in the Arab Spring", *Mobilization. An International Journal*, vol. 17, n° 4, 2012.

Lucile Dumont, "Une lutte de terrain. Foot féminin partout, égalité nulle part ?", *Panthère Première*, n° 6, hiver 2020-2021.

Norbert Elias et Eric Dunning, *Sport et civilisation. La violence maîtrisée*, Fayard, Paris, 1994.

Eduardo Galeano, *Le Football, ombre et lumière*, Climats, Paris, 1997.

David Goldblatt, *The Ball Is Round. A Global History of Football*, Penguin Books, Londres, 2007.

Nicolas Kssis-Martov, *Qatar, le Mondial de la honte*, Libertalia, Montreuil, 2022.

Gabriel Kuhn, *Soccer vs the State. Tackling Football and Radical Politics*, PM Press, Oakland, 2011.

Simon Kuper, *Football against the Enemy*, Orion, Londres, 1994.

Jérôme Latta, *Ce que le football est devenu : trois décennies de révolution libérale*, Divergences, Quimperlé, 2023.

Ludovic Lestrelin, *Sociologie des supporters*, La Découverte, "Repères", Paris, 2022.

Lyna Malandro et Ryan Doubiago, *Footeuses*, documentaire de 45 min., Yard, 2020.

Wendy Michallat, "Terrain de lutte. Women's football and feminism in 'Les années folles'", *French Cultural Studies*, vol. 18, n° 3, 2007.

Patrick Mignon, *La Passion du football*, Odile Jacob, Paris, 1998.

Laurence Prudhomme-Poncet, *Histoire du football féminin au xxe siècle*, L'Harmattan, Paris, 2003.

Michel Raspaud, "Cairo Football Derby. Al Ahly-Zamalek", in John Nauright et Charles Parrish (dir.), *Sports around the World. History, Culture and Practice*, ABC-Clio, Santa Barbara, 2012.

Tim Tates, *Girls with Balls. The Secret History of Women's Football*, John Blake Publishing, Londres, 2013.

Maxime Travert, "Le football de pied d'immeuble : une pratique singulière au cœur d'une cité populaire", *Ethnologie française*, n° 27, avril-juin 1997.

Olivier Villepreux, Samy Mouhoubi et Frédéric Bernard, *Débordements. Sombres histoires de football, 1938-2016*, Anamosa, Paris, 2016.

Alfred Wahl, *Les Archives du football. Sport et société en France (1880-1980)*, Gallimard - Julliard, « Archives », Paris, 1989.

James Walvin, *The People's Game. The History of Football Revisited*, Mainstream Publishing, Édimbourg, 2000.

Merci à Deborah Braccini pour son aide et pour son merveilleux travail sur la couleur.
Merci également à Carmelo Chillé et Giuliana Rinoldo pour leur précieux soutien.
Lelio

Merci à Louis-Antoine de m'avoir fait découvrir le livre de Mickaël.
Merci à Mickaël de s'être laissé tenter par l'adaptation.
Merci à Lelio de lui avoir insufflé tant de dynamisme et de vie.
Merci (enfin) à Lorène, Marieke et Sylvain pour leur attention et leurs relectures arbitrales.
À mon grand-père et à ma mère qui m'ont transmis le plaisir de vibrer devant un match.
Jean-Christophe

De Mickaël Correia, aux Éditions La Découverte :
• *Une histoire populaire du football*
• *Criminels climatiques. Enquête sur les multinationales qui brûlent notre planète*

Aux Éditions Solar :
• *Le Grand Footoir. Les dérives du football expliquées en 15 matches* (dir. avec Sébastien Thibault)
• *Tout n'est pas footu ! 15 raisons d'aimer quand même le foot* - (dir. avec Sébastien Thibault)

Aux Éditions du Seuil :
• *Le Mensonge Total. Enquête sur un criminel climatique*

De JC Deveney, chez le même éditeur :
• *À bout de bras, la folle saga des frères Acariès* - dessin de Sagar
• *Géante, histoire de celle qui parcourut le monde à la recherche de la liberté* - dessin de Tamarit
• *Haruki Murakami, le septième homme et autres récits* - dessin de PMGL
• *Les Météores, histoires de ceux qui ne font que passer* - dessin de Redolfi

Aux Éditions Albin Michel :
• *Ballon - L'enlèvement de Meynaldo* - coscénario de Courty, dessin de Combet

De Lelio Bonaccorso, aux Éditions Futuropolis :
• *À bord de l'Aquarius* - scénario de Rizzo
• *Chez nous... Paroles de réfugiés* - scénario de Rizzo
• *Sinaï, la terre qui illumine la lune* - scénario de Brucini

Aux Éditions Steinkis :
• *Jan Karski, l'homme qui a découvert l'Holocauste* - scénario de Rizzo
• *Pour l'amour de Monna Lisa* - scénario de Rizzo
• *Vendetta. La vengeance des Oulianov* - scénario de Dédola

Aux Éditions Glénat :
• *Le Sarde* - scénario de Dédola
• *Le Père turc. À la recherche de Mustafa Kemal* - scénario de Dédola

Aux Éditions Nouveau Monde :
• *Qui a cassé Enigma ?* - scénario de Tillon

Essai à l'origine de cet album :
Correia M., *Une histoire populaire du football*, Paris, La Découverte, 2018.

Directeur de collection : Sylvain Venayre
Éditeurs : Louis-Antoine Dujardin (pour les Éditions Delcourt) et Marieke Joly (pour les Éditions La Découverte)

Dépôt légal : janvier 2025. ISBN : 978-2-413-08030-5
ISSN : 3002-3424
Première édition

Lettrage : Philippe Marlu
Conception graphique : Studio Delcourt/Soleil

Achevé d'imprimer en décembre 2024
sur les presses de l'imprimerie Rotolito Romania, à Bucarest, Roumanie

www.editions-delcourt.fr

Certifié PEFC
Ce produit est issu de forêts gérées durablement et de sources contrôlées
PEFC
PEFC/46-31-13
www.pefc.ro